Hermann Hesse, geboren am 2. Juli 1877 in Calw/Württemberg, als Sohn eines baltendeutschen Missionars und einer württembergischen Missionarstochter, 1946 ausgezeichnet mit dem Nobelpreis für Literatur, ist am 9. August 1962 in seiner Wahlheimat Montagnola bei Lugano gestorben.

Hesse gehört zu den Autoren, die das Glück hatten, alt zu werden und alle Lebensstufen auf charakteristische Weise erfahren und darstellen zu können. Zu den schönsten dieser Schilderungen gehören seine Betrachtungen über das Alter, über die Lebensjahre, wo Wirklichkeit und Umwelt eine spielerische Surrealität gewinnen, wo die Erinnerung an die Vergangenheit im Verhältnis zur Gegenwart an Realität zunimmt. Diese Zeit des Übergangs reaktiviert als Ausgleich zu den wachsenden körperlichen Gebrechen »den Schatz an Bildern, die man nach einem langen Leben im Gedächtnis trägt und denen man sich mit dem Schwinden der Aktivität mit ganz anderer Teilnahme zuwendet als je zuvor. Menschengestalten, die nicht mehr auf der Erde sind, leben in uns weiter, leisten uns Gesellschaft und blicken uns aus lebenden Augen an.«

insel taschenbuch 2311
Hermann Hesse
Mit der Reife wird man
immer jünger
Ein insel taschenbuch
im Großdruck

Hermann Hesse
Mit der Reife wird man immer jünger

Betrachtungen und Gedichte
über das Alter

Mit Fotografien von
Martin Hesse
herausgegeben von
Volker Michels

Insel Verlag

Umschlagmotiv: Hermann Hesse mit seinem Enkel David.
Foto: Heiner Hesse. Alle übrigen Fotografien,
soweit nicht anders vermerkt, sind von Martin Hesse.

insel taschenbuch 2311
Erste Auflage 1990
Insel Verlag Frankfurt am Main und Leipzig
© Suhrkamp Verlag Frankfurt am Main
Alle Rechte vorbehalten,
insbesondere das der Übersetzung,
des öffentlichen Vortrags sowie der Übertragung
durch Rundfunk und Fernsehen, auch einzelner Teile.
Kein Teil des Werkes darf in irgendeiner Form
(durch Fotografie, Mikrofilm oder andere Verfahren)
ohne schriftliche Genehmigung des Verlages reproduziert
oder unter Verwendung elektronischer Systeme
verarbeitet, vervielfältigt oder verbreitet werden.
Der Abdruck der Texte von Hermann Hesse
erfolgt mit freundlicher Genehmigung des
Suhrkamp Verlages Frankfurt am Main
Vertrieb durch den Suhrkamp Taschenbuch Verlag
Umschlag nach Entwürfen von Willy Fleckhaus
Satz: LibroSatz, Kriftel
Druck: sachsendruck GmbH, Plauen
Printed in Germany

12 13 14 15 16 − 05 04 03 02 01

Inhalt

Gang im Frühling 9
Aufhorchen 12
Sommers Ende 13
Altwerden 22
Spätsommer 24
Kurgast 26
Belehrung 32
Der Mann von fünfzig Jahren 34
Altern 37
Wiedersehen mit Nina 38
Im Altwerden 49
Skizzenblatt 53
Welkes Blatt 56
[Einklang von Bewegung und Ruhe] 57
Märzsonne 67
Über das Alter 68
Regen im Herbst 76
Grauer Wintertag 82
Kleiner Knabe 85
Stufen 87
Sprache des Frühlings 89
Müder Abend 92
Der alte Mann und seine Hände 94
Kaminfegerchen 97

Rückgedenken 108
[Rückverwandlung] 110
Verfrühter Herbst 121
[Rausch des Aufschwungs und Fieber
  der Grundstückspekulation] 123
Leb wohl, Frau Welt 127
[Ein Ruf aus dem Jenseits der
  Konventionen] 128
Ende August 141
Herbstliche Erlebnisse 142
Gang im Spätherbst 161
[Die Neigung zu festen Gewohnheiten
  und Wiederholungen] 164
Uralte Buddhafigur 173
Chinesische Parabel 174
Der erhobene Finger 176
Alle Tode 180
Bruder Tod 182
Einst vor tausend Jahren 183
Kleiner Gesang 184

Nachwort 185

Die in eckigen Klammern stehenden Titel bezeichnen Passagen, die größeren Textzusammenhängen entstammen. Quellenangaben am Ende dieser Passagen.

Gang im Frühling

Jetzt stehen wieder die kleinen klaren Tränen an den harzigen Blattknospen, und erste Pfauenaugen tun im Sonnenlicht ihr edles Samtkleid auf und zu, die Knaben spielen mit Kreiseln und Steinkugeln. Die Karwoche ist da, voll und übervoll von Klängen und beladen mit Erinnerungen, an grelle Ostereierfarben, an Jesus im Garten Gethsemane, an Jesus auf Golgatha, an die Matthäuspassion, an frühe Begeisterungen, erste Verliebtheiten, erste Jünglingsmelancholien. Anemonen nicken im Moos, Butterblumen glänzen fett am Rand der Wiesenbäche.

Einsamer Wanderer, unterscheide ich nicht zwischen den Trieben und Zwängen meines Innern und dem Konzert des Wachstums, das mich mit tausend Stimmen von außen umgibt. Ich komme aus der Stadt, ich bin nach sehr langer Zeit wieder einmal unter Menschen gewesen, in einer Eisenbahn gesessen, habe Bilder und Plastiken gesehen, habe wunderbare neue Lieder von Othmar Schoeck gehört. Jetzt weht der frohe leichte Wind mir übers Gesicht, wie er über die nickenden Anemonen weht, und indem er Schwärme von Erinnerungen in mir aufweht wie Staubwirbel, klingt mir Mahnung an Schmerz und Vergänglichkeit aus dem Blut ins Bewußtsein. Stein am Weg, du bist stärker als ich! Baum in der Wiese, du wirst mich überdauern, und vielleicht sogar du, kleiner Himbeerstrauch, und vielleicht sogar du, rosig behauchte Anemone.

Einen Atemzug lang spüre ich, tiefer als je, die Flüchtigkeit meiner Form und fühle mich hinübergezogen zur Verwandlung, zum Stein, zur Erde, zum Himbeerstrauch, zur Baumwurzel. An die Zeichen des Vergehens klammert sich mein Durst, an Erde und Wasser und verwelktes Laub. Morgen, übermorgen, bald, bald bin ich du, bin ich Laub, bin ich Erde, bin ich Wurzel, schreibe nicht mehr Worte auf Papier, rieche nicht mehr am prächtigen Goldlack, trage nicht mehr die Rechnung des Zahnarztes in der Tasche, werde nicht mehr von gefährlichen Beamten um den Heimatschein gequält, schwimme Wolke im Blau, fließe Welle im Bache, knospe Blatt am Strauch, bin in Vergessen, bin in tausendmal ersehnte Wandlung getaucht.

Zehnmal und hundertmal noch wirst du mich wieder einfangen, bezaubern und einkerkern, Welt der Worte, Welt der Meinungen, Welt der Menschen, Welt der gesteigerten Lust und der fiebernden Angst. Tausendmal wirst du mich entzücken und erschrecken, mit Liedern am Flügel gesungen, mit Zeitungen, mit Telegrammen, mit Todesnachrichten, mit Anmeldeformularen und all deinem tollen Kram, du Welt voll Lust und Angst, holde Oper voll melodischen Unsinns! Aber niemals mehr, gebe es Gott, wirst du mir ganz verloren gehen, Andacht der Vergänglichkeit, Passionsmusik der Wandlung, Bereitschaft zum Sterben, Wille zur Wiedergeburt. Immer wird Ostern wiederkehren, immer wieder wird Lust zu Angst, Angst zu Erlösung werden, wird ohne Trauer mich das Lied der Vergänglichkeit auf meinen Wegen begleiten, voll Ja, voll Bereitschaft, voll Hoffnung.

(1920)

Aufhorchen

Ein Klang so zart, ein Hauch so neu
Geht durch den grauen Tag,
Wie Vogelflügelflattern scheu,
Wie Frühlingsduft so zag.

Aus Lebens Morgenstunden her
Erinnerungen wehn,
Wie Silberschauer überm Meer
Aufzittern und vergehn.

Vom Heut zum Gestern scheint es weit,
Zum lang Vergessenen nah,
Die Vorwelt liegt und Märchenzeit,
Ein offener Garten, da.

Vielleicht ist heut mein Urahn wach,
Der tausend Jahr geruht
Und nun mit meiner Stimme sprach,
Sich wärmt in meinem Blut.

Vielleicht ein Bote draußen steht
Und tritt gleich bei mir ein;
Vielleicht, noch eh der Tag vergeht,
Werd ich zu Hause sein.

Sommers Ende

Es war ein schöner, glänzender Hochsommer hier im Süden der Alpen, und seit zwei Wochen habe ich jeden Tag jene heimliche Angst um sein Ende gespürt, die ich als Beigabe und geheime stärkste Würze alles Schönen kenne. Vor allem fürchtete ich jedes leiseste Anzeichen eines Gewitters, denn von der Mitte des August an kann jedes Gewitter leicht ausarten, kann tagelang dauern, und dann ist es zu Ende mit dem Sommer, selbst wenn das Wetter sich wieder erholt. Gerade hier im Süden ist es beinah die Regel, daß dem Hochsommer durch ein solches Gewitter das Genick gebrochen wird, daß er rasch, lodernd und zuckend erlöschen und sterben muß. Dann, wenn die tagelangen wilden Zuckungen eines solchen Gewitters am Himmel vorüber sind, wenn die tausend Blitze, die unendlichen Donnerkonzerte, das wilde rasende Sichergießen der lauen Regenströme verrauscht und vergangen sind, blickt eines Morgens oder Nachmittags aus dem verkochenden Gewölk ein kühler, sanfter Himmel, von seligster Farbe, alles voll Herbst, und die Schatten in der Landschaft sind ein wenig schärfer und schwärzer, haben an Farbe verloren und an Umriß gewonnen, so wie ein

Fünfzigjähriger, der gestern noch rüstig und frisch aussah, nach einer Krankheit, nach einem Leid, nach einer Enttäuschung plötzlich das Gesicht voll kleiner Fäden und in allen Falten die kleinen Zeichen der Verwitterung sitzen hat. Furchtbar ist solch letztes Sommergewitter, und grauenvoll der Todeskampf des Sommers, sein wilder Widerwille gegen das Sterbenmüssen, seine tolle schmerzliche Wut, sein Umsichschlagen und Bäumen, das doch alles vergeblich ist und nach einigem Toben hilflos erlöschen muß.

Dieses Jahr scheint der Hochsommer nicht jenes wilde, dramatische Ende zu nehmen (obwohl es noch immer möglich ist), er scheint diesmal den sanften, langsamen Alterstod sterben zu wollen. Nichts ist für diese Tage so charakteristisch, bei keinem andern Anzeichen empfinde ich diese besondere, unendlich schöne Art von Sommer-Ende so innig wie am späten Abend bei der Heimkehr von einem Gang oder von einem ländlichen Abendmahl: Brot, Käse und Wein in einem der schattigen Waldkeller. Das Eigene an diesen Abenden ist die Verteilung der Wärme, das stille langsame Zunehmen der Kühle, des nächtlichen Taues und das stille, unendlich biegsame Fliehen und Sichwehren des Sommers. In tausend

Blick von Hesses Balkon auf den Luganer See

feinen Wellen macht dieser Kampf sich spürbar, wenn man zwei oder drei Stunden nach Sonnenuntergang unterwegs ist. Dann sitzt in jedem dichten Walde, in jedem Gebüsch, in jedem Hohlweg die Tageswärme noch gesammelt und verkrochen, hält sich die ganze Nacht hindurch zäh am Leben, sucht jeden Hohlraum, jeden Windschutz auf. An der Abendseite der Hügel sind zu diesen Stunden die Wälder lauter große Wärmespeicher, rundum benagt von der Nachtkühle, und jede Bodensenkung, jeder Bachlauf nicht bloß, nein, auch jede Art und Dichtigkeit der Bewaldung drückt sich dem Wandernden genau und unendlich deutlich in den Abstufungen der Wärme aus. Genau so wie ein Skiläufer beim Durchfahren eines Berggeländes die ganze Bildung des Landes, jede Hebung und Senkung, jede Längs- und Seitenrippe der Gebirgsstruktur rein sinnlich in seinen wiegenden Knien spüren kann, so daß er nach einiger Übung aus diesem Knie-Gefühl das gesamte Bild eines Berghanges während der Abfahrt ablesen kann, so lese ich hier in der tiefen Dunkelheit der mondlosen Nacht aus den zarten Wärmewellen das Bild der Landschaft ab. Ich trete in einen Wald, schon nach drei Schritten von einer rasch zunehmenden Wärmeflut wie von einem sanft glühenden Ofen empfangen, ich finde diese Wärme mit der Dichtigkeit des Waldes anschwellen und abnehmen; jeder leere Bachlauf, der zwar längst kein Wasser mehr, aber doch in der Erde noch einen Rest von Feuchtigkeit bewahrt hat, kündigt sich durch ausstrahlende Kühle an. Zu jeder Jahreszeit sind ja die Temperaturen verschiedener Punkte eines Geländes verschieden, aber nur in diesen Tagen des Übergangs vom Hochsommer zum Frühherbst spürt man sie so stark und deutlich. Wie im Winter das Rosenrot der kahlen Berge, wie im Frühling die strotzende Feuchtigkeit von Luft und Pflanzenwuchs, wie beim ersten Sommerbeginn das nächtliche Schwärmen der Glühwürmer, so gehört gegen das Ende des Sommers dies merkwürdige nächtliche Gehen durch die wechselnden Wärmewogen zu den sinnlichen Erlebnissen, die am stärksten auf Stimmung und Lebensgefühl wirken.

Wie doch gestern nacht, als ich vom Waldkeller nach Hause ging, dort bei der Mündung des Hohlweges gegen den Friedhof von Sant' Abbondio mir die feuchte Kühle der Wiesen und des Seetals entgegenschlug! Wie die wohlige Waldwärme zurückblieb und sich scheu unter den Akazien, Kastanien und Erlen verkroch! Wie der Wald sich gegen den Herbst, wie der Sommer sich gegen das Sterbenmüssen wehrte! So wehrt sich der Mensch in den Jahren, wo sein Sommer sinkt, gegen das Welken und Sterben, gegen die eindringende Kühle des Weltraums, gegen die eindringende Kühle im eigenen Blut. Und mit erneuter Innigkeit gibt er sich den kleinen Spielen und Klängen des Lebens hin, den tausend holden Schönheiten seiner Oberfläche, den zärtlichen Farbenschauern, den huschenden Wolkenschatten, klammert sich lächelnd und angstvoll an das Vergänglichste, sieht seinem Sterben zu, schöpft Angst und schöpft Trost daraus, und lernt schaudernd die Kunst des Sterbenkönnens. Hier liegt die Grenze zwischen Jugend und Alter. Mancher hat sie schon mit vierzig Jahren oder früher überschritten, mancher spürt sie erst spät in den Fünfzigern oder Sechzigern. Aber es ist immer dasselbe: statt der Lebenskunst beginnt jene andere Kunst uns zu interessieren, statt der Bildung und Verfeinerung unserer Persönlichkeit beginnt deren Abbau und Auflösung uns zu beschäftigen, und plötzlich, beinah von einem Tag auf den andern, empfinden wir uns als alt, empfinden wir die Gedanken, Interessen und Gefühle der Jugend als fremd. Diese Tage des Übergangs sind es, in welchen solche kleine zarte Schauspiele wie das Verglühen und Hinsterben eines Sommers uns ergreifen und bewegen können, uns das Herz mit Staunen und Schaudern erfüllen, uns zittern und lächeln machen.

Schon hat auch der Wald das Grün von gestern nicht mehr, und die Rebenblätter beginnen gelber zu scheinen, unter ihnen werden die Beeren schon blau und purpurn. Und die Berge haben gegen Abend das Violett, und der Himmel die smaragdenen Töne, die zum Herbst hinüberführen. Was dann? Dann wird es wieder zu Ende sein mit den Abenden im Grotto, und zu Ende mit den Badenachmittagen am See von Agno, und zu Ende mit dem Draußensitzen und Malen unter den Kastanienbäumen. Wohl dem, der dann eine Heimkehr zu geliebter und sinnvoller Arbeit, zu geliebten Menschen, zu irgendeiner Heimat hat! Wer das nicht hat, wem diese Illusionen zerbrochen sind, der kriecht alsdann vor der beginnenden Kälte ins Bett oder flieht auf Reisen, und sieht als Wanderer hier und dort den Menschen zu, welche Heimat haben, welche Gemeinschaft haben, welche an ihre Berufe und Tätigkeiten glauben, sieht ihnen zu, wie sie arbeiten, sich anstrengen und mühen, und wie über all ihrem guten Glauben und all ihrer

Anstrengung langsam und ungesehen sich die Wolke des nächsten Krieges, des nächsten Umsturzes, des nächsten Untergangs zusammenzieht, nur den Müßiggängern, nur den Ungläubigen und Enttäuschten sichtbar – den Altgewordenen, die an Stelle des verlornen Optimismus ihre kleine, zärtliche Altersvorliebe für bittere Wahrheiten gesetzt haben. Wir Alten sehen zu, wie unterm Fahnenschwenken der Optimisten jeden Tag die Welt vollkommener wird, wie jede Nation sich immer göttlicher, immer fehlerloser, immer berechtigter zu Gewalt und frohem Angriff fühlt, wie in der Kunst, im Sport, in der Wissenschaft die neuen Moden und neuen Sterne auftauchen, die Namen glänzen, die Superlative aus den Zeitungen tropfen, und wie das alles glüht von Leben, von Wärme, von Begeisterung, von heftigem Lebenswillen, von berauschtem Nichtsterbenwollen. Woge um Woge glüht auf wie die Wärmewogen im Tessiner Sommerwald. Ewig und gewaltig ist das Schauspiel des Lebens, ohne Inhalt zwar, aber ewige Bewegung, ewige Abwehr gegen den Tod.

Manche gute Dinge stehen uns noch bevor, ehe es wieder in den Winter hinein geht. Die bläulichen Trauben werden weich und süß werden, die jungen

Burschen werden bei der Ernte singen, und die jungen Mädchen in ihren farbigen Kopftüchern werden wie schöne Feldblumen im vergilbenden Reblaub stehen. Manche gute Dinge stehen uns noch bevor, und manches, was uns heute noch bitter scheint, wird uns einst süß munden, wenn wir erst die Kunst des Sterbens besser werden gelernt haben. Einstweilen warten wir noch auf das Reifwerden der Trauben, auf das Fallen der Kastanien, und hoffen, den nächsten Vollmond noch zu genießen, und werden zwar zusehends alt, sehen aber den Tod doch noch recht weit in der Ferne stehen. Wie ein Dichter gesagt hat:

> Herrlich ist für alte Leute
> Ofen und Burgunder rot,
> Und zuletzt ein sanfter Tod –
> Aber später, noch nicht heute!

(1926)

Altwerden

All der Tand, den Jugend schätzt,
Auch von mir ward er verehrt,
Locken, Schlipse, Helm und Schwert,
Und die Weiblein nicht zuletzt.

Aber nun erst seh ich klar,
Da für mich, den alten Knaben,
Nichts von allem mehr zu haben.
Aber nun erst seh ich klar,
Wie dies Streben weise war.

Zwar vergehen Band und Locken
Und der ganze Zauber bald;
Aber was ich sonst gewonnen,
Weisheit, Tugend, warme Socken,
Ach, auch das ist bald zerronnen,
Und auf Erden wird es kalt.

Herrlich ist für alte Leute
Ofen und Burgunder rot
Und zuletzt ein sanfter Tod –
Aber später, noch nicht heute!

Weide und Rebstöcke in Hesses Garten

Spätsommer

Noch schenkt der späte Sommer Tag um Tag
Voll süßer Wärme. Über Blumendolden
Schwebt da und dort mit müdem Flügelschlag
Ein Schmetterling und funkelt sammetgolden.

Die Abende und Morgen atmen feucht
Von dünnen Nebeln, deren Naß noch lau.
Vom Maulbeerbaum mit plötzlichem Geleucht
Weht gelb und groß ein Blatt ins sanfte Blau.

Eidechse rastet auf besonntem Stein,
Im Blätterschatten Trauben sich verstecken.
Bezaubert scheint die Welt, gebannt zu sein
In Schlaf, in Traum, und warnt dich, sie zu
                                  wecken.

So wiegt sich manchmal viele Takte lang
Musik, zu goldener Ewigkeit erstarrt,
Bis sie erwachend sich dem Bann entrang
Zurück zu Werdemut und Gegenwart.

Wir Alten stehen erntend am Spalier
Und wärmen uns die sommerbraunen Hände.
Noch lacht der Tag, noch ist er nicht zu Ende,
Noch hält und schmeichelt uns das Heut und
                                  Hier.

Hermann Hesse im Januar 1947 in Marin bei Neuchâtel

Kurgast

Kaum war mein Zug in Baden angekommen, kaum war ich mit einiger Beschwerde die Wagentreppe hinabgestiegen, da machte sich schon der Zauber Badens bemerkbar. Auf dem feuchten Zementboden des Perrons stehend und nach dem Hotelportier spähend, sah ich aus demselben Zug, mit dem ich angekommen war, drei oder vier Kollegen steigen, Ischiatiker, als solche deutlich gekennzeichnet durch das ängstliche Anziehen des Gesäßes, das unsichere Auftreten und das etwas hilflose und weinerliche Mienenspiel, das ihre vorsichtigen Bewegungen begleitete. Jeder von ihnen hatte zwar seine Spezialität, seine eigene Abart von Leiden, daher auch seine eigene Art von Gang, von Zögern, von Stakeln, von Hinken, und jeder auch sein eigenes, spezielles Mienenspiel, dennoch überwog das Gemeinsame, ich erkannte sie alle auf den ersten Blick als Ischiatiker, als Brüder, als Kollegen. Wer erst einmal die Spiele des nervus ischiaticus kennt, nicht aus dem Lehrbuch, sondern aus jener Erfahrung, welche von den Ärzten als »subjektive Sensation« bezeichnet wird, sieht hierin scharf. Alsbald blieb ich stehen und betrachtete mir diese Gezeichneten. Und siehe, alle drei oder vier schnitten bösere Gesichter als ich, stützten sich stärker auf ihre Stöcke, zogen ihre Schinken zuckender empor, setzten ihre Sohlen ängstlicher und unmutiger auf den Boden als ich, alle waren sie leidender, ärmer, kränker, beklagenswerter als ich, und dies tat mir äußerst wohl und blieb während meiner Badener Kurzeit ein tausendmal wiederkehrender, unerschöpflicher Trost: daß ringsum Leute hinkten, Leute krochen, Leute seufzten, Leute in Krankenstühlen fuhren, welche viel kränker waren als ich, viel weniger Grund zu guter Laune und zur Hoffnung hatten als ich! Da hatte ich denn gleich in der ersten Minute eins der großen Geheimnisse und Zaubermittel aller Kurorte gefunden und schlürfte meine Entdeckung mit wahrer Lust: die Leidensgenossenschaft, das »socios habere malorum«.

Und als ich nun den Bahnsteig verließ und mich einer sanft gegen die Bäder talwärts fließenden Straße wohlig überließ, da bestätigte und steigerte jeder Schritt die wertvolle Erfahrung: überall schlichen die Kurgäste, saßen müde und etwas krummgezogen auf grüngestrichenen Ruhebänken, hinkten in Gruppen plaudernd vorüber. Eine Frau wurde im Fahrstuhl daher geschoben, müde lächelnd, eine halbwelke Blume in der kränklichen

Hand, hinten strotzend und voll Energie die blühende Pflegerin. Ein alter Herr trat aus einem der Läden, in denen die Rheumatiker ihre Ansichtskarten, Aschenbecher und Briefbeschwerer kaufen (sie brauchen deren viele, und ich konnte die Ursache nie ergründen) – und dieser alte Herr, der aus dem Laden trat, brauchte zu jeder Treppenstufe eine Minute und blickte auf die vor ihm liegende Straße, wie ein ermüdeter und unsicher gewordner Mensch auf eine große, ihm gestellte Aufgabe blickt. Ein noch junger Mensch, mit einer graugrünen Militärmütze auf dem borstigen Kopf, arbeitete sich an zwei Stöcken kraftvoll, doch mühsam vorwärts. Ach, schon diese Stöcke, die man hier überall antraf, diese verflucht ernsthaften Krankenstöcke, welche in unten verbreiterte Gummizwingen ausliefen und sich wie Egel oder Saugwarzen an den Asphalt ansogen! Auch ich zwar ging an einem Stocke, einem zierlichen Malakka-Rohrstock, dessen Hilfe mir höchst willkommen war, allein zur Not konnte ich auch ohne Stock gehen, und niemand hatte mich jemals mit einem dieser traurigen Gummistöcke gesehen! Nein, es war klar und mußte jedem in die Augen fallen, wie rasch und schlank ich diese angenehme Straße hinabschlenderte, wie wenig und spielerisch ich den Malakkastock, ein reines Schmuckstück, ein bloßes Ornament, benützte, wie äußerst leicht und harmlos bei mir das Kennzeichen der Ischiatiker, das ängstliche Anziehen der Oberschenkel, ausgebildet, vielmehr nur angedeutet, nur flüchtig skizziert war, überhaupt wie straff und proper ich diesen Weg daherkam, wie jung und gesund ich war, verglichen mit all diesen älteren, ärmeren, kränkeren Brüdern und Schwestern, deren Gebrechen sich so deutlich, so unverhüllbar, so unerbittlich dem Blicke darboten! Ich sog Anerkennung, schlürfte Bejahung aus jedem Schritt, ich fühlte mich schon beinahe gesund, jedenfalls unendlich viel weniger krank als alle diese armen Menschen. Ja, wenn diese Halblahmen und Hinker noch Heilung erhofften, diese Leute mit den Gummistöcken, wenn Baden auch diesen noch helfen konnte, dann mußte ja mein kleines anfängerhaftes Leiden hier schwinden wie Schnee im Föhn, dann mußte der Arzt in mir ein Prachtexemplar, ein höchst dankbares Phänomen, ein kleines Wunder an Heilbarkeit entdecken.

Nun, ich genoß dies Glück des ersten Tages in vollen Zügen, ich beging Orgien der naiven Selbstbejahung, und ich tat wohl daran. Von den überall auftauchenden Figuren meiner Mitkurgäste, meiner kränkeren Brüder angezogen, vom Anblick jedes Krüppels geschmeichelt, von jedem mir begegnenden Rollstuhl zu frohem Mitleid, zu teilnahmsvoller Selbstzufriedenheit aufgefordert, flanierte ich die Straße hinab, diese so bequeme, so schmeichelhaft angelegte Straße, auf welcher die ankommenden Gäste vom Bahnhof zu den Bädern hinabgerollt werden und die in sanfter Schwingung, mit wohligem, gleichmäßigem Gefälle zu den alten Bädern hinableitet und sich dort unten, gleich einer Flußversickerung, in die Eingänge der Badehotels verliert. Guter Vorsätze und froher Hoffnungen voll näherte ich mich dem »Heiligenhof«, wo ich abzusteigen dachte. Drei, vier Wochen galt es nun hier auszuhalten, täglich zu baden, möglichst viel spazierenzugehen, sich Aufregungen und Sorgen möglichst fern zu halten. Es würde vielleicht zuweilen etwas eintönig sein, es würde nicht ohne Langeweile abgehen, weil hier das Gegenteil von intensivem Leben Vorschrift war, und für mich, den alten Solitär, dem alles Herden- und Hotelleben tief zuwider ist und äußerst schwerfällt, würde es einige Hindernisse zu nehmen, einige Überwindungen zu erkämpfen geben. Aber ohne Zweifel würde dies neue, mir völlig ungewohnte Leben, trotz seinem vielleicht etwas bürgerlichen, etwas faden Anstrich, auch heitere und interessante Erfahrungen bringen, – hatte ich es nicht wirklich in hohem Maße nötig, nach Jahren eines friedlich-verwilderten, ländlich-einsamen, in Studien versunkenen Lebens eine Weile wieder unter Menschen zu kommen? Und, die Hauptsache: jenseits der Hindernisse, jenseits dieser jetzt beginnenden Kurwochen lag der Tag, an dem ich diese selbe Straße rüstig bergan steigen, diese Hotels verlassen, an dem ich verjüngt und geheilt, mit elastisch spielenden Knien und Hüften, von diesem Baden wieder Abschied nehmen und die hübsche Straße zum Bahnhof hinantanzen würde.

(1923)

Belehrung

Mehr oder weniger, mein lieber Knabe,
sind schließlich alle Menschenworte Schwindel,
verhältnismäßig sind wir in der Windel
am ehrlichsten, und später dann im Grabe.

Dann legen wir uns zu den Vätern nieder,
sind endlich weise und voll kühler Klarheit,
mit blanken Knochen klappern wir die Wahrheit,
und mancher lög und lebte lieber wieder.

Das Jahrzehnt zwischen vierzig und fünfzig ist für Menschen mit Temperament, für Künstler, immer ein kritisches, eine Zeit der Unruhe und häufiger Unzufriedenheit, wo man sich mit dem Leben und mit sich selber oft schwer abfinden kann. Aber dann kommen Jahre der Beruhigung. Ich habe das nicht nur an mir erlebt, sondern an manchen anderen beobachtet. So schön die Jugend ist, die Zeit der Gärung und der Kämpfe, so hat doch auch das Altwerden und Reifwerden seine Schönheit und sein Glück.

*

Mit fünfzig Jahren hört der Mensch allmählich auf, gewisse Kindereien abzulegen, Ruf und Anständigkeit zu erlangen, und beginnt auf das eigene Leben ohne Leidenschaft zurückzublicken. Er lernt warten, er lernt schweigen, er lernt zuhören und sollten diese guten Gaben durch etwelche Gebresten und Schwächen erkauft werden müssen, so betrachte er diesen Kauf als einen Gewinn.

Der Mann von fünfzig Jahren

Von der Wiege bis zur Bahre
sind es fünfzig Jahre,
dann beginnt der Tod.
Man vertrottelt, man versauert,
man verwahrlost, man verbauert
und zum Teufel gehn die Haare.
Auch die Zähne gehen flöten,
und statt daß wir mit Entzücken
junge Mädchen an uns drücken,
lesen wir ein Buch von Goethen.

Aber einmal noch vor'm Ende
will ich so ein Kind mir fangen,
Augen hell und Locken kraus,
nehm's behutsam in die Hände,
küsse Mund und Brust und Wangen,
zieh ihm Rock und Höslein aus.
Nachher dann, in Gottes Namen,
soll der Tod mich holen. Amen.

Man stirbt ja so verflucht langsam und stückchenweise: Jeder Zahn, Muskel und Knochen nimmt extra Abschied, als sei man mit ihm besonders gut gestanden.

*

>Die Jugend ist entflohn,
>man ist nicht mehr gesund.
>Es drängt die Reflexion
>sich in den Vordergrund.

*

Ich sehne mich nach dem Tod, aber nach keinem vorzeitigen und unreifen, und in allem Verlangen nach Reife und Weisheit bin ich noch tief und blutig verliebt in die süße launige Torheit des Lebens. Wir wollen beides gemeinsam haben, schöne Weisheit und süße Dummheit, mein lieber Freund! Wir wollen noch oft, oft miteinander schreiten und miteinander stolpern, beides soll köstlich sein.

Ich wundere mich oft über die große Zähigkeit, mit der unsere Natur am Leben hängt. Fügsam, wenn auch keineswegs gerne, gewöhnt man sich an Zustände, die einem noch vorgestern als völlig unerträglich erschienen wären.

*

Mit körperlichen Schmerzen fertigzuwerden, wenn sie länger dauern, ist gewiß etwas vom Schwierigsten. Die Heldennaturen wehren sich gegen den Schmerz, suchen ihn zu leugnen und beißen die Zähne zusammen, in der Art der römischen Stoiker, aber so hübsch diese Haltung ist, so neigen wir doch dazu, an der Echtheit der Schmerzüberwindung zu zweifeln. Meinerseits bin ich mit starken Schmerzen immer am besten fertiggeworden, wenn ich mich nicht gegen sie gewehrt habe, sondern mich ihnen überlassen habe, so wie man sich einem Rausch oder Abenteuer überläßt.

Altern

So ist das Altern: was einst Freude war,
Wird Mühsal, und der Quell rinnt trüber,
Sogar der Schmerz ist seiner Würze bar –
Man tröstet sich: bald ists vorüber.

Wogegen wir uns einst so stark gewehrt:
Bindung und Last und auferlegte Pflichten,
Hat sich in Zuflucht und in Trost verkehrt:
Man möchte doch ein Tagwerk noch verrichten.

Doch reicht auch dieser Bürgertrost nicht weit,
Die Seele dürstet nach beschwingten Flügen.
Sie ahnt den Tod, weit hinter Ich und Zeit,
Und atmet tief ihn ein in gierigen Zügen.

Wiedersehen mit Nina

Wenn ich nach Monaten der Abwesenheit auf meinen Tessiner Hügel zurückkehre, jedesmal wieder von seiner Schönheit überrascht und gerührt, dann bin ich nicht ohne weiteres einfach wieder zu Hause, sondern muß mich erst umpflanzen und neue Saugwurzeln treiben, muß Fäden wieder anknüpfen, Gewohnheiten wiederfinden und da und dort erst wieder Fühlung mit der Vergangenheit und Heimat suchen, ehe das südliche Landleben wieder zu munden beginnt. Es müssen nicht bloß die Koffer ausgepackt und die ländlichen Schuhe und Sommerkleider hervorgesucht werden, es muß auch festgestellt werden, ob es während des Winters tüchtig ins Schlafzimmer geregnet hat, ob die Nachbarn noch leben, es muß nachgesehen werden, was sich während eines halben Jahres hier wieder verändert hat, und wieviel Schritte der Prozeß vorwärts gegangen ist, der allmählich auch diese geliebte Gegend ihrer lang bewahrten Unschuld entkleidet und mit den Segnungen der Zivilisation erfüllt. Richtig, bei der unteren Schlucht ist wieder ein ganzer Waldhang glatt abgeholzt, und es wird eine Villa gebaut, und an einer Kehre ist unsere Straße verbreitert wor-

Ein von Hesse oft gemaltes Motiv in Montagnola

den, das hat einem zauberhaften alten Garten den Garaus gemacht. Die letzten Pferdeposten unserer Gegend sind eingegangen und durch Autos ersetzt, die neuen Wagen sind viel zu groß für diese alten, engen Gassen. Also nie mehr werde ich den alten Piero mit seinen beiden strotzenden Pferden sehen, wie er in der blauen Postillonsuniform mit der gelben Kutsche seinen Berg herunter gerasselt kommt, nie mehr werde ich ihn beim Grotto del Pace zu einem Glas Wein und einer kleinen außeramtlichen Ruhepause verführen. Ach, und niemals mehr werde ich über Liguno an dem herrlichen Waldrand sitzen, meinem liebsten Malplatz: ein Fremder hat Wald und Wiese gekauft und mit Draht eingezäunt, und wo die paar schönen Eschen standen, wird jetzt seine Garage gebaut.

Dagegen grünen die Grasstreifen unter den Reben in der alten Frische, und unter den welken Blättern hervor rascheln wie immer die blaugrünen Smaragdeidechsen, der Wald ist blau und weiß von Immergrün, Anemonen und Erdbeerblüte, und durch den junggrünen Wald schimmert kühl und sanft der See herauf...

Immerhin, ein ganzer Sommer und Herbst liegt vor mir, noch einmal hoffe ich es ein paar Monate lang gut zu haben, lange Tage im Freien dahinzuleben, die Gicht wieder ein wenig loszuwerden, mit meinen Farben zu spielen und das Leben etwas fröhlicher und unschuldiger zu leben, als es im Winter und in den Städten möglich ist. Schnell laufen die Jahre weg – die barfüßigen Kinder, die ich vor Jahren bei meinem Einzug in dies Dorf zur Schule laufen sah, sind schon verheiratet oder sitzen in Lugano oder Mailand an Schreibmaschinen oder hinter Ladentischen, und die damaligen Alten, die Dorfgreise, sind inzwischen gestorben.

Da fällt mir die Nina ein – ob die noch am Leben ist? Lieber Gott, daß ich erst jetzt an sie denke! Die Nina ist meine Freundin, eine der wenigen guten Freundinnen, die ich in der Gegend habe. Sie ist 78 Jahre alt und wohnt in einem der hintersten kleinen Dörfchen der Gegend, an welches die neue Zeit noch nicht die Hand gelegt hat. Der Weg zu ihr ist steil und beschwerlich, ich muß in der Sonne einige hundert Meter den Berg hinab und jenseits wieder hinaufsteigen. Aber ich mache mich sofort auf den Weg und laufe erst durch die Weinberge und den Wald bergab, dann quer durchs grüne schmale Tal, dann steil jenseits bergan über die Hänge, die im Sommer voll von Zyklamen und im Winter voll von Christrosen stehen. Das erste

Kind im Dorf frage ich, was denn die alte Nina mache. O, wird mir erzählt, die sitze am Abend noch immer an der Kirchenmauer und schnupfe Tabak. Zufrieden gehe ich weiter: sie ist also noch am Leben, ich habe sie noch nicht verloren, sie wird mich lieb empfangen und wird zwar etwas brummen und klagen, mir aber doch wieder das aufrechte Beispiel eines einsamen alten Menschen geben, der sein Alter, seine Gicht, seine Armut und Vereinsamung zäh und nicht ohne Spaß erträgt und vor der Welt keine Faxen und Verbeugungen macht, sondern auf sie spuckt und gesonnen ist, bis zur letzten Stunde weder Arzt noch Priester in Anspruch zu nehmen.

Von der blendenden Straße trat ich an der Kapelle vorbei in den Schatten des uralten finsteren Gemäuers, das da verwinkelt und trotzig auf dem Fels des Bergrückens steht und keine Zeit kennt, kein anderes Heute als die ewig wiederkehrende Sonne, keinen Wechsel als den der Jahreszeiten. Jahrzehnt um Jahrzehnt, Jahrhundert um Jahrhundert. Irgendeinmal werden auch diese alten Mauern fallen, werden diese schönen, finstern, unhygienischen Winkel umgebaut und mit Zement, Blech, fließendem Wasser, Hygiene, Grammophonen und andern Kulturgütern ausgestattet sein, über den Gebeinen der alten Nina wird ein Hotel mit französischer Speisekarte stehen oder ein Berliner seine Sommervilla bauen. Nun, heute stehen sie noch, und ich steige über die hohe Steinschwelle und die gekrümmte steinerne Treppe hinauf in die Küche meiner Freundin Nina. Da riecht es wie immer nach Stein und Kühle und Ruß und Kaffee und intensiv nach dem Rauch von grünem Holz, und auf dem Steinboden vor dem riesigen Kamin sitzt auf ihrem niederen Schemel die alte Nina und hat im Kamin ein Feuerchen brennen, von dessen Rauch ihr die Augen etwas tränen, und stopft mit ihren braunen gichtgekrümmten Fingern die Holzreste ins Feuer zurück.

»Hallo, Nina, grüß Gott, kennt Ihr mich noch?«

»Oh, Signor poeta, caro amico, son content di rivederla!«

Sie erhebt sich, obwohl ich es nicht dulden will, sie steht auf und braucht lange dazu, es geht mühsam mit den steifen Gliedern. In der Linken hat sie die hölzerne Tabaksdose zittern, um Brust und Rücken ein schwarzes Wolltuch gebunden. Aus dem alten schönen Raubvogelgesicht blicken traurig-spöttisch die scharfen gescheiten Augen.

Spöttisch und kameradschaftlich blickt sie mich an, sie kennt den Steppenwolf, sie weiß, daß ich zwar ein Signore und ein Künstler bin, daß aber doch nicht viel mit mir los ist, daß ich allein da im Tessin herumlaufe und das Glück ebensowenig eingefangen habe wie sie selber, obwohl ohne Zweifel wir beide ziemlich scharf darauf aus waren. Schade, Nina, daß du für mich vierzig Jahre zu früh geboren bist. Schade! Zwar scheinst du nicht jedem schön, manchen scheinst du eher eine alte Hexe zu sein, mit etwas entzündeten Augen, mit etwas gekrümmten Gliedern, mit dreckigen Fingern und mit Schnupftabak an der Nase. Aber was für eine Nase in dem faltigen Adlergesicht! Was für eine Haltung, wenn sie sich erst aufgerichtet hat und in ihrer hagern Größe aufrecht steht! Und wie klug, wie stolz, wie verachtend und doch nicht böse ist der Blick deiner schöngeschnittenen, freien, unerschrockenen Augen! Was mußt du, greise Nina, für ein schönes Mädchen, was für eine schöne, kühne, rassige Frau gewesen sein! Nina erinnert mich an den vergangenen Sommer, an meine Freunde, an meine Schwester, an meine Geliebte, die sie alle kennt, sie späht dazwischen scharf nach dem Kessel, sieht das Wasser sieden, schüttet gemahlenen Kaffee aus der Lade der

Kaffeemühle hinein, stellt mir eine Tasse her, bietet mir zu schnupfen an, und jetzt sitzen wir am Feuer, trinken Kaffee, spucken ins Feuer, erzählen, fragen, werden allmählich schweigsam, sagen dies und jenes von der Gicht, vom Winter, von der Zweifelhaftigkeit des Lebens.

»Die Gicht! Eine Hure ist sie, eine verfluchte Hure! Sporca puttana! Möge sie der Teufel holen! Möge sie verrecken. Na, lassen wir das Schimpfen! Ich bin froh, daß Ihr gekommen seid, ich bin sehr froh. Wir wollen Freunde bleiben. Es kommen nicht mehr viele zu einem, wenn man alt ist. Achtundsiebzig bin ich jetzt.«

Sie steht nochmals mit Mühen auf, sie geht ins Nebenzimmer, wo am Spiegel die erblindeten Photographien stecken. Ich weiß, jetzt sucht sie nach einem Geschenk für mich. Sie findet nichts und bietet mir eine der alten Photographien als Gastgeschenk an, und als ich sie nicht nehme, muß ich wenigstens noch einmal aus ihrer Dose schnupfen.

Es ist in der verrauchten Küche meiner Freundin nicht sehr sauber und gar nicht hygienisch, der Boden ist vollgespuckt, und das Stroh am Stuhl hängt zerrissen herunter, und wenige von euch Lesern würden gern aus dieser Kaffeekanne trinken, dieser alten blechernen Kanne, die schwarz von Ruß und grau von Aschenresten ist und an deren Rändern seit Jahren der vertrocknete eingedickte Kaffee eine feste Kruste gebildet hat. Wir leben hier außerhalb der heutigen Welt und Zeit, etwas ruppig und schäbig zwar, etwas verkommen und gar nicht hygienisch, aber dafür nahe bei Wald und Berg, nahe bei den Ziegen und Hühnern (sie laufen gackernd in der Küche herum), nahe bei den Hexen und Märchen. Der Kaffee aus der krummen Blechkanne schmeckt wundervoll, ein starker tiefschwarzer Kaffee mit einem leisen, aromatischen Anflug vom bittern Geschmack des Holzrauches, und unser Beisammensitzen und Kaffeetrinken und die Schimpfworte und Koseworte und das tapfere alte Gesicht der Nina sind mir unendlich viel lieber als zwölf Tee-Einladungen mit Tanz, als zwölf Abende mit Literaturgespräch im Kreise berühmter Intellektueller – obwohl ich gewiß auch diesen hübschen Dingen ihren relativen Wert nicht absprechen möchte.

Draußen geht jetzt die Sonne weg, Ninas Katze kommt herein und ihr auf den Schoß gesprungen, wärmer leuchtet der Feuerschein an den gekalkten Steinwänden. Wie kalt, wie grausam kalt muß der Winter in dieser hohen, leeren Steinhöhle gewesen

Blick aus Hesses Garten auf das Seetal

sein, nichts drin als das winzige offene Feuerchen, im Kamin flackernd, und die alte einsame Frau mit der Gicht in den Gelenken, ohne andere Gesellschaft als die Katze und die drei Hühner.

Die Katze wird wieder fortgejagt. Nina steht wieder auf, groß und gespenstisch steht sie im Zwielicht, die hagere knochige Gestalt mit dem weißen Schopf über dem streng blickenden Raubvogelgesicht. Sie läßt mich noch nicht fort. Sie hat mich eingeladen, noch eine Stunde ihr Gast zu sein und geht nun, um Brot und Wein zu holen.

(1927)

Im Altwerden

Jung sein und Gutes tun ist leicht,
Und von allem Gemeinen entfernt sein;
Aber lächeln, wenn schon der Herzschlag
                              schleicht,
Das will gelernt sein.

Und wem's gelingt, der ist nicht alt,
Der steht noch hell in Flammen
Und biegt mit seiner Faust Gewalt
Die Pole der Welt zusammen.

Weil wir den Tod dort warten sehn,
Laß uns nicht stehen bleiben.
Wir wollen ihm entgegengehn,
Wir wollen ihn vertreiben.

Der Tod ist weder dort noch hier,
Er steht auf allen Pfaden.
Er ist in dir und ist in mir,
Sobald wir das Leben verraten.

Die Leute, die man sich in ihrer Jugend unmöglich alt denken kann, gerade die geben die besten Alten.

*

Daß die jungen Leute sich gern ein wenig zeigen, und daß sie dabei einiges wagen dürfen, was die Alten nimmer mitmachen können, das ist am Ende nicht unerträglich. Schlimm aber wird die ganze Sache erst in dem unseligen Augenblick, wo der Alte, der Schwache, der Konservative, der Kahlkopf, der Anhänger der alten Mode dies auf sich persönlich bezieht und sich sagt: Sicher tun sie das nur, um mich zu ärgern! Von diesem Augenblick an wird die Sache unerträglich, und der so Denkende ist verloren.

*

Mir ist das Betonen oder Organisieren der Jugend nie sympathisch gewesen; es gibt eigentlich jung und alt nur unter Dutzendmenschen; alle begabten und differenzierteren Menschen sind bald alt, bald jung, so wie sie bald froh, bald traurig sind. Sache der Älteren ist es, freier, spielender, erfahrener, gütiger mit der eigenen Liebesfähigkeit zu verfahren, als Jugend es tun kann. Alter findet immer leicht die Jungen altklug. Aber Alter ahmt selber immer gern die Gebärden und Arten der Jugend nach, ist selber fanatisch, ist selber ungerecht, ist selber alleinseligmachend und leicht beleidigt. Alter ist nicht schlechter als Jugend, Lao Tse ist nicht schlechter als Buddha. Blau ist nicht schlechter als Rot. Alter wird nur gering, wenn es Jugend spielen will.

*

Was mir seit Jahrzehnten widerlich ist, das ist erstens die blöde Anbetung der Jugend und Jugendlichkeit wie sie etwa in Amerika blüht, und dann noch mehr die Etablierung der Jugend als Stand, als Klasse, als ›Bewegung‹.

*

Ich bin ein alter Mann und habe die Jugend gern, aber ich müßte lügen, wenn ich sagen wollte, daß sie mich stark interessiert. Für alte Leute, zumal in Zeiten so schwerer Prüfung wie jetzt, gibt es nur eine interessante Frage: die Frage nach dem Geist, dem Glauben, der Art von Sinn und Frömmigkeit, die sich bewährt, die den Leiden und dem Tod gewachsen ist. Den Leiden und dem Tod gewachsen sein, ist die Aufgabe des Alters. Begeistertsein,

Mitschwingen, Angeregtsein ist die Stimmung der Jugend. Die können miteinander befreundet sein, aber sie sprechen zweierlei Sprache.

*

Die Weltgeschichte wird im wesentlichen von den Primitiven und Jungen gemacht, die besorgen das Vorwärtstreiben und Beschleunigen, im Sinn von Nietzsches etwas theatralischem Wort »Was fallen will, soll man auch noch stoßen«. (Er, der Hochsensible, hätte nie einem alten oder kranken Menschen oder Tier diesen Stoß versetzen können.) Es bedarf aber, damit die Geschichte auch Friedensinseln behalte und erträglich bleibe, immer auch des Retardierens und Konservierens als Gegenmacht, diese Aufgabe fällt den Kultivierten und Alten zu. Mag nun der Mensch, den wir uns denken und wünschen, andre Wege gehen als die unsern und zur Bestie oder Ameise sich entwickeln, so bleibt es eben unsre Aufgabe, diesen Vorgang möglichst zu verlangsamen zu helfen. Unbewußt lassen sogar die militanten Mächte in der Welt diese Gegentendenz gelten, in dem sie – wenn auch täppisch genug – neben den Rüstungen und Propaganda-Lautsprechern ihre Kulturbetriebe pflegen.

Skizzenblatt

Kalt knistert Herbstwind im dürren Rohr,
Das im Abend ergraut ist;
Krähen flattern vom Weidenbaume landeinwärts.

Einsam steht und rastet am Strande ein alter Mann
Spürt den Wind im Haar, die Nacht und
                               nahenden Schnee.
Blickt vom Schattenufer ins Lichte hinüber,
Wo zwischen Wolke und See ein Streifen
Fernsten Strandes noch warm im Lichte leuchtet:
Goldenes Jenseits, selig wie Traum und Dichtung.

Fest im Auge hält er das leuchtende Bild,
Denkt der Heimat, denkt seiner guten Jahre,
Sieht das Gold erbleichen, sieht es erlöschen,
Wendet sich ab und wandert
Langsam vom Weidenbaume landeinwärts.

Pathos ist eine schöne Sache, und jungen Menschen steht es oft wundervoll. Für ältere Leute eignet sich besser der Humor, das Lächeln, das Nichternstnehmen, das Verwandeln der Welt in ein Bild, das Betrachten der Dinge, als seien sie flüchtige Abendwolkenspiele.

*

Das Altwerden ist ja nicht bloß ein Abbauen und Hinwelken, es hat, wie jede Lebensstufe, seine eigenen Werte, seinen eigenen Zauber, seine eigene Weisheit, seine eigene Trauer, und in Zeiten einer einigermaßen blühenden Kultur hat man mit Recht dem Alter eine gewisse Ehrfurcht erwiesen, welche heut von der Jugend in Anspruch genommen wird. Wir wollen das der Jugend nicht weiter übelnehmen. Aber wir wollen uns doch nicht aufschwatzen lassen, das Alter sei nichts wert.

*

Das Altwerden an sich ist ja ein natürlicher Prozeß und ein Mann von 65 oder 75 Jahren ist, wenn er nicht jünger sein will, durchaus ebenso gesund und normal wie einer von 30 oder 50. Aber man ist eben mit seinem eigenen Alter leider nicht immer auf einer Stufe, man eilt innerlich oft voraus, und noch öfter bleibt man hinter ihm zurück – das Bewußtsein und Lebensgefühl ist dann weniger reif als der Körper, wehrt sich gegen dessen natürliche Erscheinungen, und verlangt etwas von sich selber, was es nicht leisten kann.

*

Mit der Reife wird man immer jünger. Es geht auch mir so, obwohl das wenig sagen will, da ich das Lebensgefühl meiner Knabenjahre im Grund stets beibehalten habe und mein Erwachsensein und Altern immer als eine Art Komödie empfand.

*

Wer alt geworden ist und darauf achtet, der kann beobachten, wie trotz dem Schwinden der Kräfte und Potenzen ein Leben noch spät und bis zuletzt mit jedem Jahr das unendliche Netz seiner Beziehungen und Verflechtungen vergrößert und vervielfältigt und wie, solange ein Gedächtnis wach ist, doch von all dem Vergänglichen und Vergangenen nichts verloren geht.

Welkes Blatt

Jede Blüte will zur Frucht,
Jeder Morgen Abend werden,
Ewiges ist nicht auf Erden
Als der Wandel, als die Flucht.

Auch der schönste Sommer will
Einmal Herbst und Welke spüren.
Halte, Blatt, geduldig still,
Wenn der Wind dich will entführen.

Spiel dein Spiel und wehr dich nicht,
Laß es still geschehen.
Laß vom Winde, der dich bricht,
Dich nach Hause wehen.

[Einklang von Bewegung und Ruhe]

Der Frühling ist für die meisten alten Leute keine gute Zeit, er setzte auch mir gewaltig zu. Die Pülverchen und ärztlichen Spritzen halfen wenig; die Schmerzen wuchsen üppig wie die Blumen im Gras, und die Nächte waren schwer zu bestehen. Dennoch brachte jeder Tag in den kurzen Stunden, die ich draußen sein konnte, Pausen des Vergessens und der Hingabe an die Wunder des Frühlings, und zuweilen Augenblicke des Entzückens und der Offenbarung, deren jeder des Festhaltens wert wäre, wenn es nur eben ein Festhalten gäbe, wenn diese Wunder und Offenbarungen sich beschreiben und weitergeben ließen. Sie kommen überraschend, dauern Sekunden oder Minuten, diese Erlebnisse, in denen ein Vorgang im Leben der Natur uns anspricht und sich uns enthüllt, und wenn man alt genug ist, kommt es einem dann so vor, als sei das ganze lange Leben mit Freuden und Schmerzen, mit Lieben und Erkennen, mit Freundschaften, Liebschaften, mit Büchern, Musik, Reisen und Arbeiten nichts gewesen als ein langer Umweg zur Reife dieser Augenblicke, in welchen im Bilde einer Landschaft, eines Baumes, eines Menschengesichtes, einer Blume sich Gott uns zeigt, sich der Sinn und Wert alles Seins und Geschehens darbietet. Und in der Tat: Haben wir auch vermutlich in jungen Jahren den Anblick eines blühenden Baumes, einer Wolkenformation, eines Gewitters heftiger und glühender erlebt, so bedarf es für das Erlebnis, das ich meine, doch eben des hohen Alters, es bedarf einer unendlichen Summe von Gesehenem, Erfahrenem, Gedachtem, Empfundenem, Erlittenem, es bedarf einer gewissen Verdünnung der Lebenstriebe, einer gewissen Hinfälligkeit und Todesnähe, um in einer kleinen Offenbarung der Natur den Gott, den Geist, das Geheimnis wahrzunehmen, den Zusammenfall der Gegensätze, das große Eine. Auch Junge können das erleben, gewiß, aber seltener, und ohne diese Einheit von Empfindung und Gedanke, von sinnlichem und geistigem Erlebnis, von Reiz und Bewußtsein.

Noch während unseres trockenen Frühlings, ehe die Regenfälle und die Reihe von Gewittertagen kamen, hielt ich mich öfters an einer Stelle meines Weinbergs auf, wo ich um diese Zeit auf einem Stück noch nicht umgegrabenen Gartenbodens meine Feuerstelle habe. Dort ist in der Weißdornhecke, die den Garten abschließt, seit Jahren eine Buche gewachsen, ein Sträuchlein anfangs aus verflogenem Samen vom Walde her, mehrere Jahre hatte ich es nur vorläufig und etwas widerwillig stehen lassen, es tat mir um den Weißdorn leid, aber dann gedieh die kleine zähe Winterbuche so hübsch, daß ich sie endgültig annahm, und jetzt ist sie schon ein dickes Bäumchen und ist mir heute doppelt lieb, denn die alte mächtige Buche, mein Lieblingsbaum im ganzen benachbarten Wald, ist kürzlich geschlagen worden, schwer und gewaltig liegen drüben noch wie Säulentrommeln die Teile ihres zersägten Stammes. Ein Kind jener Buche ist wahrscheinlich mein Bäumchen.

Stets hat es mich gefreut und mir imponiert, mit welcher Zähigkeit meine kleine Buche ihre Blätter festhält. Wenn alles längst kahl ist, steht sie noch im Kleide ihrer welken Blätter, den Dezember, den Januar, den Februar hindurch, Sturm zerrt an ihr, Schnee fällt auf sie und tropft wieder von ihr ab, die dürren Blätter, anfangs dunkelbraun, werden immer heller, dünner, seidiger, aber der Baum entläßt sie nicht, sie müssen die jungen Knospen schützen. Irgend einmal dann in jedem Frühling, jedesmal später, als man es erwartete, war eines Tages der Baum verändert, hatte das alte Laub verloren und statt seiner die feucht beflognen, zarten neuen Knospen aufgesetzt. Diesmal nun

Beim Gartenfeuer im Juli 1935

war ich Zeuge dieser Verwandlung. Es war bald nachdem der Regen die Landschaft grün und frisch gemacht hatte, eine Stunde am Nachmittag, um die Mitte des April, noch hatte ich in diesem Jahr keinen Kuckuck gehört und keine Narzisse in der Wiese entdeckt. Vor wenigen Tagen noch war ich bei kräftigem Nordwind hier gestanden, fröstelnd und den Kragen hochgeschlagen, und hatte mit Bewunderung zugesehen, wie die Buche gleichmütig im zerrenden Winde stand und kaum ein Blättchen hingab; zäh und tapfer, hart und trotzig hielt sie ihr gebleichtes altes Laub zusammen.

Und jetzt, heute, während ich bei sanfter windstiller Wärme bei meinem Feuer stand und Holz brach, sah ich es geschehen: es erhob sich ein leiser sanfter Windhauch, ein Atemzug nur, und zu Hunderten und Tausenden wehten die so lang gesparten Blätter dahin, lautlos, leicht, willig, müde ihrer Ausdauer, müde ihres Trotzes und ihrer Tapferkeit. Was fünf, sechs Monate festgehalten und Widerstand geleistet hatte, erlag in wenigen Minuten einem Nichts, einem Hauch, weil die Zeit gekommen, weil die bittere Ausdauer nicht mehr nötig war. Hinweg stob und flatterte es, lächelnd, reif, ohne Kampf. Das Windchen war viel zu schwach, um die so leicht und dünn gewordenen kleinen Blätter weit weg zu treiben, wie ein leiser Regen rieselten sie nieder und deckten Weg und Gras zu Füßen des Bäumchens, von dessen Knospen ein paar wenige schon aufgebrochen und grün geworden waren. Was hatte sich mir nun in diesem überraschenden und rührenden Schauspiel offenbart? War es der Tod, der leicht und willig vollzogene Tod des Winterlaubes? War es das Leben, die drängende und jubelnde Jugend der Knospen, die sich mit plötzlich erwachtem Willen Raum geschaffen hatte? War es traurig, war es erheiternd? War es eine Mahnung an mich, den Alten, mich auch flattern und fallen zu lassen, eine Mahnung daran, daß ich vielleicht Jungen und Stärkeren den Raum wegnahm? Oder war es eine Aufforderung, es zu halten wie das Buchenlaub, mich so lang und zäh auf den Beinen zu halten wie nur möglich, mich zu stemmen und zu wehren, weil dann, im rechten Augenblick, der Abschied leicht und heiter sein werde? Nein, es war, wie jede Schauung, ein Sichtbarwerden des Großen und Ewigen, des Zusammenfalls der Gegensätze, ihres Zusammenschmelzens im Feuer der Wirklichkeit, es bedeutete nichts, mahnte zu nichts, vielmehr es bedeutete alles, es bedeutete das Geheimnis des Seins, und es war schön, war Glück, war Sinn, war

Geschenk und Fund für den Schauenden, wie es ein Ohr voll Bach, ein Auge voll Cézanne ist. Diese Namen und Deutungen waren nicht das Erlebnis, sie kamen erst nachher, das Erlebnis selbst war nur Erscheinung, Wunder, Geheimnis, so schön wie ernst, so hold wie unerbittlich. –

Am selben Ort, bei der Weißdornhecke und nahe der Buche, nachdem inzwischen die Welt saftig grün geworden und am Ostersonntag der erste Kuckucksruf in unserem Walde erklungen war, an einem der laufeuchten, wechselvollen, windbewegten Gewittertage, die schon den Sprung vom Frühling in den Sommer vorbereiten, sprach in einem nicht minder gleichnishaften Augenerlebnis das große Geheimnis mich an. Am schwer bewölkten Himmel, der dennoch immer wieder grelle Sonnenblicke in das keimende Grün des Tales warf, fand großes Wolkentheater statt, der Wind schien von allen Seiten zugleich zu wehen, doch wog die Südnordrichtung vor. Unruhe und Leidenschaft erfüllten die Atmosphäre mit starken Spannungen. Und mitten im Schauspiel stand, meinem Blick sich plötzlich aufdrängend, wiederum ein Baum, ein junger schöner Baum, eine frisch belaubte Pappel im Nachbargarten. Wie eine Rakete schoß sie empor, wehend, elastisch, mit spitzem Wipfel, in den kurzen Windpausen straff geschlossen wie eine Zypresse, bei wachsendem Winde mit hundert dünnen, leicht auseinandergekämmten Zweigen gestikulierend. Hin und her wiegte und bäumte sich mit zart blitzendem Flüsterlaub der Wipfel des herrlichen Baumes, seiner Kraft und grünen Jugend froh, mit leisem sprechendem Schwanken wie das Zünglein einer Waage, jetzt wie im Neckspiel nachgebend, jetzt eigenwillig zurückschnellend (viel später erst fiel mir ein, daß ich schon einmal, vor Jahrzehnten, dies Spiel mit offenen Sinnen an einem Pfirsichzweig beobachtet und in dem Gedicht »Der Blütenzweig« nachgezeichnet hatte).

Mit Freude und furchtlos, ja mutwillig, überließ die Pappel Zweige und Laubgewand dem stark anschwellenden feuchten Winde, und was sie in den Gewittertag hineinsang und was sie mit spitzem Wipfel in den Himmel schrieb, war schön, war vollkommen, war so heiter wie ernst, so Tun wie Erleiden, so Spiel wie Schicksal, es enthielt wiederum alle Gegensätze und Gegensinne. Nicht der Wind war Sieger und stark, weil er den Baum so zu schütteln und zu biegen vermochte, nicht der Baum war Sieger und stark, weil er aus jeder Beugung elastisch und triumphierend zurückzuschnellen vermochte, es war das Spiel von beidem, der Einklang von Bewegung und Ruhe, von himmlischen und irdischen Mächten: der unendlich gebärdenreiche Wipfeltanz im Sturme war nur noch Bild, nur noch Offenbarung des Weltgeheimnisses, jenseits von Stark und Schwach, von Gut und Böse, von Tun und Leiden. Ich las, eine kleine Weile lang, eine kleine Ewigkeit lang, in ihm das sonst Verhüllte und Geheime rein und vollkommen dargestellt, reiner und vollkommener, als läse ich den Anaxagoras oder den Laotse. Und auch hier wieder schien es mir, als habe es, um dieses Bild zu schauen und diese Schrift zu lesen, nicht nur des Geschenkes einer Frühlingsstunde bedurft, sondern auch der Gänge und Irrgänge, Torheiten und Erfahrungen, Lüste und Leiden sehr vieler Jahre und Jahrzehnte, und ich empfand den lieben Pappelbaum, der mich mit dieser Schau beschenkte, durchaus als Knaben, als Unerfahrenen und Ahnungslosen. Ihn mußten noch viele Fröste und Schneefälle zermürben, noch manche Stürme rütteln, noch manche Blitze streifen und verletzen, bis vielleicht auch er des Schauens und des Horchens fähig und auf das große Geheimnis begierig sein würde. –

Aus »Aprilbrief« 1952

Im Bambusgehölz vor der Casa rossa im Februar 1955

Märzsonne

Trunken von früher Glut
Taumelt ein gelber Falter.
Sitzend am Fenster ruht
Schläfrig gebückt ein Alter.

Singend durchs Frühlingslaub
Ist er einst ausgezogen.
So vieler Straßen Staub
Hat sein Haar überflogen.

Zwar der blühende Baum
Und die Falter die gelben
Scheinen gealtert kaum,
Scheinen heut noch dieselben.

Doch es sind Farbe und Duft
Dünner geworden und leerer,
Kühler das Licht und die Luft
Strenger zu atmen und schwerer.

Frühling summt bienenleis
Seine Gesänge, die holden.
Himmel schwingt blau und weiß,
Falter entflattert golden.

Über das Alter

Das Greisenalter ist eine Stufe unseres Lebens und hat wie alle andern Lebensstufen ein eigenes Gesicht, eine eigene Atmosphäre und Temperatur, eigene Freuden und Nöte. Wir Alten mit den weißen Haaren haben gleich allen unsern jüngern Menschenbrüdern unsre Aufgabe, die unsrem Dasein den Sinn gibt, und auch ein Todkranker und Sterbender, den in seinem Bett kaum noch ein Anruf aus der diesseitigen Welt zu erreichen vermag, hat seine Aufgabe, hat Wichtiges und Notwendiges zu erfüllen. Altsein ist eine ebenso schöne und heilige Aufgabe wie Jungsein, Sterbenlernen und Sterben ist eine ebenso wertvolle Funktion wie jede andre – vorausgesetzt, daß sie mit Ehrfurcht vor dem Sinn und der Heiligkeit alles Lebens vollzogen wird. Ein Alter, der das Altsein, die weißen Haare und die Todesnähe nur haßt und fürchtet, ist kein würdiger Vertreter seiner Lebensstufe, so wenig wie ein junger und kräftiger Mensch, der seinen Beruf und seine tägliche Arbeit haßt und sich ihnen zu entziehen sucht.

Kurz gesagt: um als Alter seinen Sinn zu erfüllen und seiner Aufgabe gerecht zu werden, muß man mit dem Alter und allem, was es mit sich bringt, einverstanden sein, man muß Ja dazu sagen. Ohne dieses Ja, ohne die Hingabe an das, was die Natur von uns fordert, geht uns der Wert und Sinn unsrer Tage – wir mögen alt oder jung sein – verloren, und wir betrügen das Leben.

Jeder weiß, daß das Greisenalter Beschwerden bringt und daß an seinem Ende der Tod steht. Man muß Jahr um Jahr Opfer bringen und Verzichte leisten. Man muß seinen Sinnen und Kräften mißtrauen lernen. Der Weg, der vor kurzem noch ein kleines Spaziergängchen war, wird lang und mühsam, und eines Tages können wir ihn nicht mehr gehen. Auf die Speise, die wir zeitlebens so gern gegessen haben, müssen wir verzichten. Die körperlichen Freuden und Genüsse werden seltener und müssen immer teurer bezahlt werden. Und dann alle die Gebrechen und Krankheiten, das Schwachwerden der Sinne, das Erlahmen der Organe, die vielen Schmerzen, zumal in den oft so langen und bangen Nächten – all das ist nicht wegzuleugnen, es ist bittere Wirklichkeit. Aber ärmlich und traurig wäre es, sich einzig diesem Prozeß des Verfalls hinzugeben und nicht zu sehen, daß auch das Greisenalter sein Gutes, seine Vorzüge, seine Trostquellen und Freuden hat. Wenn

Hermann Hesse im April 1955

zwei alte Leute einander treffen, sollten sie nicht bloß von der verfluchten Gicht, von den steifen Gliedern und der Atemnot beim Treppensteigen sprechen, sie sollten nicht bloß ihre Leiden und Ärgernisse austauschen, sondern auch ihre heiteren und tröstlichen Erlebnisse und Erfahrungen. Und deren gibt es viele.

Wenn ich an diese positive und schöne Seite des Lebens der Alten erinnere und daran, daß wir Weißhaarigen auch Quellen der Kraft, der Geduld, der Freude kennen, die im Leben der Jungen keine Rolle spielen, dann steht es mir nicht zu, von den Tröstungen der Religion und Kirche zu sprechen. Dies ist Sache des Priesters. Wohl aber kann ich einige von den Gaben, die das Alter uns schenkt, dankbar mit Namen nennen. Die mir teuerste dieser Gaben ist der Schatz an Bildern, die man nach einem langen Leben im Gedächtnis trägt und denen man sich mit dem Schwinden der Aktivität mit ganz anderer Teilnahme zuwendet als jemals zuvor. Menschengestalten und Menschengesichter, die seit sechzig und siebzig Jahren nicht mehr auf der Erde sind, leben in uns weiter, gehören uns, leisten uns Gesellschaft, blicken uns aus lebenden Augen an. Häuser, Gärten, Städte, die inzwischen verschwunden oder völlig verändert sind, sehen wir unversehrt wie einst, und ferne Gebirge und Meeresküsten, die wir vor Jahrzehnten auf Reisen gesehen, finden wir frisch und farbig in unsrem Bilderbuche wieder. Das Schauen, das Betrachten, die Kontemplation wird immer mehr zu einer Gewohnheit und Übung, und unmerklich durchdringt die Stimmung und Haltung des Betrachtenden unser ganzes Verhalten. Von Wünschen, Träumen, Begierden, Leidenschaften gejagt sind wir, wie die Mehrzahl der Menschen, durch die Jahre und Jahrzehnte unsres Lebens gestürmt, ungeduldig, gespannt, erwartungsvoll, von Erfüllungen oder Enttäuschungen heftig erregt – und heute, im großen Bilderbuch unsres eigenen Lebens behutsam blätternd, wundern wir uns darüber, wie schön und gut es sein kann, jener Jagd und Hetze entronnen und in die vita contemplativa gelangt zu sein.

Hier, in diesem Garten der Greise, blühen manche Blumen, an deren Pflege wir früher kaum gedacht haben. Da blüht die Blume der Geduld, ein edles Kraut, wir werden gelassener, nachsichtiger, und je geringer unser Verlangen nach Eingriff und Tat wird, desto größer wird unsre Fähigkeit, dem Leben der Natur und dem Leben der Mitmenschen zuzuschauen und zuzuhören, es ohne Kritik und mit immer neuem Erstaunen über seine Mannigfaltigkeit an uns vorüberziehen zu lassen, manchmal mit Teilnahme und stillem Bedauern, manchmal mit Lachen, mit heller Freude, mit Humor.

Neulich stand ich in meinem Garten, hatte ein Feuer brennen und speiste es mit Laub und dürren Zweigen. Da kam eine alte Frau, wohl gegen achtzig Jahre alt, an der Weißdornhecke vorbei, blieb stehen und sah mir zu. Ich grüßte, da lachte sie und sagte: »Sie haben ganz recht mit Ihrem Feuerchen. Man muß sich in unsrem Alter so allmählich mit der Hölle anfreunden.« Damit war die Tonart eines Gesprächs angeschlagen, in dem wir einander allerlei Leiden und Entbehrungen klagten, aber immer im Ton des Spaßes. Und am Ende unsrer Unterhaltung gestanden wir uns ein, daß wir trotz alledem ja eigentlich noch gar nicht so furchtbar alt seien und kaum als richtige Greise gelten könnten, solang in unsrem Dorf noch unsre Älteste, die Hundertjährige, lebe.

Wenn die ganz jungen Leute mit der Überlegenheit ihrer Kraft und ihrer Ahnungslosigkeit hinter uns her lachen und unsern beschwerlichen Gang, unsre paar weißen Haare und unsre sehnigen Hälse komisch finden, dann erinnern wir uns daran, wie wir einst, im Besitz der gleichen Kraft und Ahnungslosigkeit ebenfalls gelächelt haben, und kommen uns nicht unterlegen und besiegt vor, sondern freuen uns darüber, daß wir dieser Lebensstufe entwachsen und ein klein wenig klüger und duldsamer geworden sind.

(1952)

Bei der Gartenarbeit im Sommer 1955

Regen im Herbst

O Regen, Regen im Herbst,
Grau verschleierte Berge,
Bäume mit müde sinkendem Spätlaub!
Durch beschlagene Fenster blickt
Abschiedsschwer das krankende Jahr.
Fröstelnd im triefenden Mantel
Gehst du hinaus. Am Waldrand
Tappt aus entfärbtem Laub
Kröte und Salamander trunken,
Und die Wege hinab
Rinnt und gurgelt unendlich Gewässer,
Bleibt im Grase beim Feigenbaum
In geduldigen Teichen stehn.
Und vom Kirchturm im Tale
Tropfen zögernde müde
Glockentöne für Einen vom Dorf,
Den sie begraben.

Du aber traure, Lieber,
Nicht dem begrabnen Nachbarn,
Nicht dem Sommerglück länger nach
Noch den Festen der Jugend!
Alles dauert in frommer Erinnerung,
Bleibt im Wort, im Bild, im Liede bewahrt,

*Die Kirche von San Abbondio, September 1961,
Foto: Helmut Friedewald*

Ewig bereit zur Feier der Rückkehr
Im erneuten, im edlern Gewand.
Hilf bewahren du, hilf verwandeln,
Und es geht dir die Blume
Gläubiger Freude im Herzen auf.

Das Alter hat viele Beschwerden; aber es hat auch seine Gnadengaben, und eine von ihnen ist diese Schutzschicht von Vergessen, von Müdigkeit, von Ergebenheit, die es zwischen uns und unseren Problemen und Leiden wachsen läßt. Es kann Trägheit, Verkalkung, häßliche Gleichgültigkeit sein, aber es kann, ein klein wenig anders vom Moment beleuchtet, auch Gelassenheit, Geduld, Humor, hohe Weisheit und Tao sein.

*

Das Alter hilft einem über manches hinweg, und wenn ein alter Mann den Kopf schüttelt oder ein paar Worte murmelt, dann sehen die einen darin abgeklärte Weisheit, die andern einfach Verkalkung; und ob sein Verhalten zur Welt nun im Grunde ein Ergebnis von Erfahrung und Weisheit oder nur die Folge von Kreislaufstörungen sei, das bleibtununtersucht, auch vom Alten selbst.

*

Erst im Altwerden sieht man die Seltenheit des Schönen, und welches Wunder es eigentlich ist, wenn zwischen den Fabriken und Kanonen auch Blumen blühen und zwischen den Zeitungen und Börsenzetteln auch noch Dichtungen leben.

Für sie, die Jungen, hat ihr eigenes Sein, ihr Suchen und Leiden, diese große Wichtigkeit mit Recht. Für den, der alt geworden ist, war das Suchen ein Irrweg und das Leben verfehlt, wenn er nichts Objektives, nichts über ihm und seinen Sorgen Stehendes, nichts Unbedingtes oder Göttliches zu verehren gefunden hat, in dessen Dienst er sich stellt und dessen Dienst allein es ist, der seinem Leben Sinn gibt . . .

Das Bedürfnis der Jugend ist: sich selbst ernst nehmen zu können. Das Bedürfnis des Alters ist: sich selber opfern zu können, weil über ihm etwas steht, was es ernst nimmt. Ich formuliere nicht gern Glaubenssätze, aber ich glaube wirklich: ein geistiges Leben muß zwischen diesen beiden Polen ablaufen und spielen. Denn Aufgabe, Sehnsucht und Pflicht der Jugend ist das Werden, Aufgabe des reifen Menschen ist das Sichweggeben oder, wie die deutschen Mystiker es einst nannten, das »Entwerden«. Man muß erst ein voller Mensch, eine wirkliche Persönlichkeit geworden sein und die Leiden dieser Individuation erlitten haben, ehe man das Opfer dieser Persönlichkeit bringen kann.

Hermann Hesse mit seiner Enkelin Sybille im Mai 1951

Grauer Wintertag

Es ist ein grauer Wintertag,
Still und fast ohne Licht,
Ein mürrischer Alter, der nicht mag,
Daß man noch mit ihm spricht.

Er hört den Fluß, den jungen, ziehn
Voll Drang und Leidenschaft;
Vorlaut und unnütz dünkt sie ihn,
Die ungeduldige Kraft.

Er kneift die Augen spöttisch ein
Und spart noch mehr am Licht,
Ganz sachte fängt er an zu schnei'n,
Zieht Schleier vors Gesicht.

Ihn stört in seinem Greisentraum
Der Möwen grell Geschrei,
Im kahlen Ebereschenbaum
Der Amseln Zänkerei.

All das Getue lächert ihn
Mit seiner Wichtigkeit;
Er schneielet so vor sich hin
Bis in die Dunkelheit.

Es darf uns nicht daran liegen, das Vergangene zu halten oder zu kopieren, sondern wandlungsfähig das Neue zu erleben und mit unseren Kräften dabeizusein. Insofern ist Trauer im Sinn des Hängenbleibens am Verluste nicht gut und nicht im Sinne des wahren Lebens.

*

> Zum Eintritt in den neuen Lebensraum, den Vorhof des Alters, wünscht ein Alter Ihnen die Gaben, die uns das Leben auf dieser Stufe zu geben hat: Vermehrte Unabhängigkeit vom Urteil anderer, vermehrte Unberührbarkeit durch die Leidenschaften, ungestörtere Andacht vor dem Ewigen.
>
> Hermann Hesse

*Hermann Hesse mit seinem Enkel David im Herbst 1956,
Foto: Heiner Hesse*

Kleiner Knabe

Hat man mich gestraft,
Halt ich meinen Mund,
Weine mich in Schlaf,
Wache auf gesund.

Hat man mich gestraft,
Heißt man mich den Kleinen,
Will ich nicht mehr weinen,
Lache mich in Schlaf.

Große Leute sterben,
Onkel, Großpapa,
Aber ich, ich bleibe
Immer, immer da.

Mein Leben, so etwa nahm ich mir vor, sollte ein Transzendieren sein, ein Fortschreiten von Stufe zu Stufe, es sollte ein Raum um den andern durchschritten und zurückgelassen werden, so wie eine Musik Thema um Thema, Tempo um Tempo erledigt, abspielt, vollendet und hinter sich läßt, nie müde, nie schlafend, stets wach, stets vollkommen gegenwärtig. Im Zusammenhang mit den Erlebnissen des Erwachens hatte ich gemerkt, daß es solche Stufen und Räume gibt und daß jeweils die letzte Zeit eines Lebensabschnittes eine Tönung von Welke und Sterbenwollen in sich trägt, welche dann zum Hinüberwechseln in einen neuen Raum, zum Erwachen, zu neuem Anfang führt.

Stufen

Wie jede Blüte welkt und jede Jugend
Dem Alter weicht, blüht jede Lebensstufe,
Blüht jede Weisheit auch und jede Tugend
Zu ihrer Zeit und darf nicht ewig dauern.
Es muß das Herz bei jedem Lebensrufe
Bereit zum Abschied sein und Neubeginne,
Um sich in Tapferkeit und ohne Trauern
In andre, neue Bindungen zu geben.
Und jedem Anfang wohnt ein Zauber inne,
Der uns beschützt und der uns hilft zu leben.

Wir sollen heiter Raum um Raum durchschreiten,
An keinem wie an einer Heimat hängen,
Der Weltgeist will nicht fesseln uns und engen,
Er will uns Stuf' um Stufe heben, weiten.

Kaum sind wir heimisch einem Lebenskreise
Und traulich eingewohnt, so droht Erschlaffen,
Nur wer bereit zu Aufbruch ist und Reise,
Mag lähmender Gewöhnung sich entraffen.
Es wird vielleicht auch noch die Todesstunde
Uns neuen Räumen jung entgegensenden,
Des Lebens Ruf an uns wird niemals enden . . .
Wohlan denn, Herz, nimm Abschied und gesunde!

Hermann Hesse im April 1949

Sprache des Frühlings

Jedes Kind weiß, was der Frühling spricht:
Lebe, wachse, blühe, hoffe, liebe,
Freue dich und treibe neue Triebe,
Gib dich hin und fürcht das Leben nicht!

Jeder Greis weiß, was der Frühling spricht:
Alter Mann, laß dich begraben,
Räume deinen Platz den muntern Knaben,
Gib dich hin und fürcht das Sterben nicht!

Auf eine menschenwürdige Art alt zu werden und jeweils die unserem Alter zukommende Haltung oder Weisheit zu haben, ist eine schwere Kunst; meistens sind wir mit der Seele dem Körper gegenüber entweder voraus oder zurück, und zu den Korrekturen dieser Differenzen gehören jene Erschütterungen des inneren Lebensgefühles, jenes Zittern und Bangen an den Wurzeln, die uns je und je bei Lebenseinschnitten und Krankheiten befallen. Mir scheint, man darf ihnen gegenüber wohl klein sein und sich klein fühlen, wie Kinder durch Weinen und Schwäche hindurch am besten das Gleichgewicht nach einer Störung des Lebens wiederfinden.

*

Man blickt im hohen Alter mit merkwürdigen Betrachtungen auf ein langes, abgelaufenes Leben zurück. Die zweite Hälfte meines Lebens war die dramatische, reich an Kämpfen, reich an Feinden, an Not und schließlich an allzuvielen Erfolgen. Aber die Kraft zum Überstehen dieser unruhigen Lebenshälfte kam von der ersten, stilleren Hälfte her, von den nahezu vierzig Jahren des Friedens, die ich erleben durfte. Man hat vom Krieg als einem Stahlbad gesprochen. Nach meiner Erfahrung ist es aber nur der Friede, der fördert und Kräfte gibt.

Was wäre mit uns Alten, wenn wir das nicht hätten: das Bilderbuch der Erinnerung, den Schatz an Erlebtem! Kläglich wäre es und elend. So aber sind wir reich und tragen nicht nur einen verbrauchten Leib dem Ende und Vergessen entgegen, sondern sind auch Träger jenes Schatzes, der so lange lebt und leuchtet, als wir atmen.

*

Mit der Weisheit geht es uns wie dem Achilles mit der Schildkröte. Sie ist immer ein Stück voraus. Zu ihr unterwegs zu sein, ihrer Anziehungskraft zu folgen, ist dennoch ein guter Weg.

*

Wunderbarer Zauber, glühend trauriger Zauber der Vergänglichkeit! Und noch wunderbarer, das Nichtvergangensein, nicht Erloschensein des Gewesenen, sein geheimes Fortleben, seine geheime Ewigkeit, seine Erweckbarkeit in der Erinnerung, sein Lebendigbegrabensein im stets wieder zu beschwörenden Wort!

Müder Abend

Abendwindes Lallen
Klagt erstickt im Laub,
Schwere Tropfen fallen
Einzeln in den Staub.

Aus den mürben Mauern
Moos und Farne quellen,
Alte Leute kauern
Schweigend auf den Schwellen.

Krumme Hände lasten
Still auf steifen Knien,
Geben sich dem Rasten
Und Verwelken hin.

Überm Friedhof flügeln
Krähen schwer und groß.
Auf den flachen Hügeln
Wuchert Farn und Moos.

*Hermann Hesse im November 1955
auf der Terrasse vor seinem Atelier*

Der alte Mann und seine Hände

Mühsam schleppt er sich die Strecke,
Seiner langen Nacht,
Wartet, lauscht und wacht.
Vor ihm liegen auf der Decke
Seine Hände, Linke, Rechte,
Steif und hölzern, müde Knechte,
Und er lacht
Leise, daß er sie nicht wecke.

Unverdrossener als die meisten
Haben sie geschafft,
Da sie noch im Saft.
Vieles wäre noch zu leisten,
Doch die folgsamen Gefährten
Wollen ruhn und Erde werden.
Knecht zu sein,
Sind sie müd und dorren ein.

Leise, daß er sie nicht wecke,
Lacht der Herr sie an,
Langen Lebens Bahn
Scheint nun kurz, doch lang die Strecke
Einer Nacht . . . Und Kinderhände

Jünglingshände, Manneshände
Sehn am Abend, sehn am Ende
So sich an.

*Aus einem Illustrationszyklus zu Hesses Erzählung
»Kaminfegerchen« von Ernst Penzoldt*

Kaminfegerchen

Am Karnevals-Dienstagnachmittag mußte meine Frau rasch nach Lugano. Sie redete mir zu, ich möchte mitkommen, dann könnten wir eine kleine Weile dem Flanieren der Masken oder vielleicht einem Umzug zusehen. Mir war es nicht danach zumute, seit Wochen von Schmerzen in allen Gelenken geplagt und halb gelähmt spürte ich Widerwillen schon beim Gedanken, den Mantel anziehen und in den Wagen steigen zu müssen. Aber nach einigem Widerstreben bekam ich doch Courage und sagte zu. Wir fuhren hinunter, ich wurde bei der Schifflände abgesetzt, dann fuhr meine Frau weiter, einen Parkplatz zu suchen, und ich wartete mit Kato, der Köchin, in einem dünnen und doch spürbaren Sonnenschein, inmitten eines lebhaft, aber gelassen flutenden Verkehrs. Lugano ist schon an gewöhnlichen Tagen eine ausgesprochen fröhliche und freundliche Stadt, heute aber lachte sie einen auf allen Gassen und Plätzen übermütig und lustig an, die bunten Kostüme lachten, die Gesichter lachten, die Häuser an der Piazza mit menschen- und maskenüberfüllten Fenstern lachten, und es lachte heute sogar der Lärm. Er bestand aus Schreien, aus Wogen von Gelächter und Zurufen, aus Fetzen von Musik, aus dem komischem Gebrüll eines Lautsprechers, aus Gekreische und nicht ernst gemeinten Schreckensrufen von Mädchen, die von den Burschen mit Fäusten voll Konfetti beworfen wurden, wobei die Hauptabsicht offenbar die war, den Beschossenen möglichst einen Haufen der Papierschnitzel in den Mund zu zwingen. Überall war das Straßenpflaster mit dem vielfarbigen Papierkram bedeckt, unter den Arkaden ging man darauf weich wie auf Sand oder Moos.

Bald war meine Frau zurück, und wir stellten uns an einer Ecke der Piazza Riforma auf. Der Platz schien Mittelpunkt des Festes zu sein. Platz und Trottoirs standen voll Menschen, zwischen deren bunten und lauten Gruppen aber außerdem ein fortwährendes Kommen und Gehen von flanierenden Paaren oder Gesellschaften lief, eine Menge kostümierter Kinder darunter. Und am jenseitigen Rande des Platzes war eine Bühne aufgeschlagen, auf der vor einem Lautsprecher mehrere Personen lebhaft agierten: Ein Conférencier, ein Volkssänger mit Gitarre, ein feister Clown und andre. Man hörte zu oder nicht, verstand oder verstand nicht, lachte aber auf jeden Fall mit, wenn der Clown wieder einen wohlbekannten Nagel auf den wohlbekannten Kopf getroffen hatte, Akteure und Volk spielten zusammen, Bühne und Publikum regten einander gegenseitig an, es war ein dauernder Austausch von Wohlwollen, Anfeuerung, Spaßlust und Lachbereitschaft. Auch ein Jüngling wurde vom Conférencier seinen Mitbürgern vorgestellt, ein junger Künstler, Dilettant von bedeutenden Gaben, er entzückte uns durch die virtuose Nachahmung von Tierstimmen und anderen Geräuschen.

Höchstens eine Viertelstunde, hatte ich mir ausbedungen, wollten wir in der Stadt bleiben. Wir blieben aber eine gute halbe Stunde, schauend, hörend, zufrieden. Für mich ist schon der Aufenthalt in einer Stadt, unter Menschen, und gar in einer festlichen Stadt, etwas ganz Ungewohntes und halb Beängstigendes, halb Berauschendes, ich lebe wochen- und monatelang allein in meinem Atelier und meinem Garten, sehr selten noch raffe ich mich auf, den Weg bis in unser Dorf, oder auch nur bis ans Ende unsres Grundstücks, zurückzulegen. Nun auf einmal stand ich, von einer Menge umdrängt, inmitten einer lachenden und spaßenden Stadt, lachte mit und genoß den Anblick der Menschengesichter, der so vielartigen, abwechslungs- und überraschungsreichen, wieder einmal einer unter vielen, dazugehörig, mitschwingend. Es würde natürlich nicht lange dauern, bald würden die kalten schmerzenden Füße, die müden schmerzenden Beine genug haben und heimbegehren, bald auch würde der kleine holde Rausch des Sehens und Hörens, das Betrachten der tausend so merkwürdigen, so schönen, so interessanten und liebenswerten Gesichter und das Horchen auf die vielerlei Stimmen, die sprechenden, lachenden, schreienden, kecken, biederen, hohen, tiefen, warmen oder scharfen Menschenstimmen mich ermüdet und erschöpft haben; der heiteren Hingabe an die üppige Fülle der Augen- und Ohrengenüsse würde die Ermattung und jene dem Schwindel nah verwandte Furcht vor dem Ansturm der nicht mehr zu bewältigenden Eindrücke folgen. »Kenne ich, kenne ich«, würde hier Thomas Mann den Vater Briest zitieren. Nun, es war, wenn man sich die Mühe nahm, ein wenig nachzudenken, nicht allein die Altersschwäche schuld an dieser Furcht vor dem Zuviel, vor der Fülle der Welt, vor dem glänzenden Gaukelspiel der Maja. Es war auch nicht bloß, um mit dem Vokabular der Psychologen zu sprechen, die Scheu des Introvertierten vor dem Sichbewähren der Umwelt gegenüber. Es lagen auch andre, gewissermaßen bessere Gründe für diese leise, dem Schwindel so ähnliche Angst und Ermüdbarkeit vor. Wenn ich meine Nachbarn ansah, die während jener halben Stunde auf der Piazza Riforma neben mir standen, so wollte es mir scheinen, sie weilten wie Fische im Wasser, lässig, müde, zufrieden, zu nichts verpflichtet; es wollte mir scheinen, als nähmen ihre Augen die Bilder und ihre Ohren die Laute so auf, als säße nicht hinter dem Auge ein Film, ein Gehirn, ein Magazin und Archiv und hinterm Ohr eine Platte oder ein Tonband, in jeder Sekunde beschäftigt, sammelnd, raffend, aufzeichnend, verpflichtet nicht nur zum Genuß, sondern weit mehr zum Aufbewahren, zum etwaigen späteren Wiedergeben, verpflichtet zu einem Höchstmaß an Genauigkeit im Aufmerken. Kurz, ich stand hier wieder einmal nicht als Publikum, nicht als verantwortungsloser Zuschauer und Zuhörer, sondern als Maler mit dem Skizzenbuch in der Hand, arbeitend, angespannt. Denn eben dies war ja unsre, der Künstler, Art von Genießen und Festefeiern, sie bestand aus Arbeit, aus Verpflichtung, und war dennoch Genuß – so weit eben die Kraft hinreichte, soweit eben die Augen das fleißige Hin und Her zwischen Szene und Skizzenbuch ertrugen, soweit eben die Archive im Gehirn noch Raum und Dehnbarkeit besaßen. Ich würde das meinen Nachbarn nicht erklären können, wenn es von mir verlangt würde, oder wenn ich es versuchen wollte, so würden sie vermutlich lachen und sagen: »Caro uomo, beklagen Sie sich nicht zu sehr über Ihren Beruf! Er besteht im Anschauen und eventuellen Abschildern lustiger Dinge, wobei Sie sich angestrengt und fleißig vorkommen mögen, während wir andern für Sie Feriengenießer, Gaffer und Faulenzer sind. Wir haben aber tatsächlich Ferien, Herr Nachbar, und sind hier, um sie zu genießen, nicht um unsern Beruf auszuüben wie Sie. Unser Beruf aber ist nicht so hübsch wie der Ihre, Signore, und wenn Sie ihn gleich uns einen einzigen Tag lang in unseren Werkstätten, Kaufläden, Fabriken und Büros ausüben müßten, wären Sie schnell erledigt.« Er hat recht, mein Nachbar, vollkommen recht; aber es hilft nichts, auch ich glaube recht zu haben. Doch sagen wir einander unsre Wahrheiten ohne Groll, freundlich und mit etwas Spaß; jeder hat nur den Wunsch, sich ein wenig zu rechtfertigen, nicht aber den Wunsch, dem andern weh zu tun.

Immerhin das Auftauchen solcher Gedanken, das Imaginieren solcher Gespräche und Rechtfertigungen war schon der Beginn des Versagens und

Ermüdens; es würde gleich Zeit sein, heimzukehren und die versäumte Mittagsruhe nachzuholen. Ach, und wie wenige von den schönen Bildern dieser halben Stunde waren ins Archiv gelangt und gerettet! Wieviel hunderte, vielleicht die schönsten, waren meinen untüchtigen Augen und Ohren schon ebenso spurlos entglitten wie denen, die ich glaubte als Genießer und Gaffer ansehen zu dürfen!

Eins der tausend Bilder ist mir dennoch geblieben und soll für die Freunde ins Skizzenbüchlein gebracht werden.

Beinahe die ganze Zeit meines Aufenthalts auf der festlichen Piazza stand mir nahe eine sehr stille Gestalt, ich hörte sie während jener halben Stunde kein Wort sagen, sah sie kaum einmal sich bewegen, sie stand in einer merkwürdigen Einsamkeit oder Entrücktheit mitten in dem bunten Gedränge und Getriebe, ruhig wie ein Bild, und sehr schön. Es war ein Kind, ein kleiner Knabe, wohl höchstens etwa sieben Jahre alt, ein hübsches kleines Figürchen mit unschuldigem Kindergesicht, für mich dem liebenswertesten Gesicht unter den hunderten. Der Knabe war kostümiert, er steckte in schwarzem Gewand, trug ein schwarzes Zylinderhütchen und hatte den einen seiner Arme durch ein Leiterchen gesteckt, auch eine Kaminfegerbürste fehlte nicht, es war alles sorgfältig und hübsch gearbeitet, und das kleine liebe Gesicht war ein wenig mit Ruß oder andrem Schwarz gefärbt. Davon wußte er aber nichts. Im Gegensatz zu allen den erwachsenen Pierrots, Chinesen, Räubern, Mexikanern und Biedermeiern, und ganz und gar im Gegensatz zu den auf der Bühne agierenden Figuren, hatte er keinerlei Bewußtsein davon, daß er ein Kostüm trage und einen Kaminfeger darstelle, und noch weniger davon, daß das etwas Besonderes und Lustiges sei und ihm so gut stehe. Nein, er stand klein und still auf seinem Platz, auf kleinen Füßen in kleinen braunen Schuhen, das schwarz lackierte Leiterchen über der Schulter, von Gewoge umdrängt und manchmal ein wenig gestoßen, ohne es zu merken, er stand und staunte mit träumerisch entzückten, hellblauen Augen aus dem glatten Kindergesicht mit den geschwärzten Wangen empor zu einem Fenster des Hauses, vor dem wir standen. Dort im Fenster, eine Mannshöhe über unsern Köpfen, war eine vergnügte Gesellschaft von Kindern beisammen, etwas größer als er, die lachten, schrien und stießen sich, alle in bunten Vermummungen, und von Zeit zu Zeit ging aus ihren Händen und Tüten ein Regen von

*Aus einem Illustrationszyklus zu Hesses Erzählung
»Kaminfegerchen« von Ernst Penzoldt*

Konfetti über uns nieder. Gläubig, entrückt, in seliger Bewunderung blickten die Augen des Knaben staunend empor, gefesselt, nicht zu sättigen, nicht loszulösen. Es war kein Verlangen in diesem Blick, keinerlei Begierde, nur staunende Hingabe, dankbares Entzücken. Ich vermochte nicht zu erkennen, was es sei, das diese Knabenseele so staunen und das einsame Glück des Schauens und Bezaubertseins erleben ließ. Es mochte die Farbenpracht der Kostüme sein, oder ein erstmaliges Innewerden der Schönheit von Mädchengesichtern, oder das Lauschen eines Einsamen und Geschwisterlosen auf das gesellige Gezwitscher der hübschen Kinder dort droben, vielleicht auch waren die Knabenaugen nur entzückt und behext von dem sacht rieselnden Farbenregen, der von Zeit zu Zeit aus den Händen jener Bewunderten herabsank, sich dünn auf unsern Köpfen und Kleidern und dichter auf dem Steinboden sammelten, den er schon wie feiner Sand bedeckte.

Und ähnlich wie dem Knaben ging es mir. So wie er weder von sich selbst und den Attributen und Intentionen seiner Verkleidung noch von der Menge, dem Clownstheater und den das Volk wie in Wogengängen durchpulsenden Schwellungen des Gelächters und Beifalls etwas wahrnahm, einzig dem Anblick im Fenster hörig, so war auch mein Blick und mein Herz mitten im werbenden Gedränge so vieler Bilder immer wieder dem einen Bilde zugehörig und hingegeben, dem Kindergesicht zwischen schwarzem Hut und schwarzem Gewand, seiner Unschuld, seiner Empfänglichkeit für das Schöne, seinem unbewußten Glück.

(1953)

Rückgedenken

Am Hang die Heidekräuter blühn,
Der Ginster starrt in braunen Besen.
Wer weiß heut noch, wie flaumiggrün
Der Wald im Mai gewesen?

Wer weiß heut noch, wie Amselsang
Und Kuckucksruf einmal geklungen?
Schon ist, was so bezaubernd klang,
Vergessen und versungen.

Im Wald das Sommerabendfest,
Der Vollmond überm Berge droben,
Wer schrieb sie auf, wer hielt sie fest?
Ist alles schon zerstoben.

Und bald wird auch von dir und mir
Kein Mensch mehr wissen und erzählen,
Es wohnen andre Leute hier,
Wir werden keinem fehlen.

Wir wollen auf den Abendstern
Und auf die ersten Nebel warten.
Wir blühen und verblühen gern
In Gottes großem Garten.

Beim Bepflanzen des Frühbeetes im April 1937

[*Rückverwandlung*]

Es gehört zu der Stimmung und eigentümlich lockeren Konsistenz der späten Lebenstage, daß das Leben sehr an Wirklichkeit, oder Wirklichkeitsnähe, verliert, daß die Wirklichkeit, an sich schon eine etwas unsichere Dimension des Lebens, dünner und durchsichtiger wird, daß sie ihren Anspruch an uns nicht mehr mit der früheren Gewalt und Rücksichtslosigkeit geltend macht, daß sie mit sich reden, mit sich spielen und mit sich handeln läßt. Die Wirklichkeit für uns Alte ist nicht mehr das Leben, sondern der Tod, und den erwarten wir nicht mehr von außen, sondern wissen ihn in uns wohnen; wir wehren uns zwar gegen die Beschwerden und Schmerzen, die seine Nähe uns bringt, nicht aber gegen ihn selbst, wir haben ihn angenommen, und wenn wir uns etwas mehr als früher hüten und pflegen, so hüten und pflegen wir ihn mit, er ist bei uns und in uns, er ist unsre Luft, unsre Aufgabe, unsre Wirklichkeit.

Darüber verliert nun die Umwelt und Wirklichkeit, die uns einst umgab, sehr viel an Realität, ja sogar an Wahrscheinlichkeit, sie ist nicht mehr selbstverständlich und unbestritten gültig, wir können sie bald annehmen, bald ablehnen, wir haben eine gewisse Macht über sie. Das tägliche Leben gewinnt dadurch eine Art von spielerischer Surrealität, die alten, festen Systeme gelten nicht mehr so recht, die Aspekte und Akzente haben sich verschoben, die Vergangenheit stieg im Verhältnis zur Gegenwart hoch im Wert, und die Zukunft interessiert uns überhaupt nicht mehr ernstlich. Damit bekommt unser Verhalten im Alltag, von der Vernunft und von den alten Regeln aus betrachtet, etwas Verantwortungsloses, Unernstes, Spielerisches, es ist jenes Verhalten, das der Volksmund »Kindischwerden« nennt. Es ist viel Richtiges daran, und ich zweifle nicht, daß ich ahnungslos und zwangsläufig eine Menge von kindischen Reaktionen auf die Umwelt hervorbringe. Doch geschehen sie, wie die Beobachtung mich lehrt, durchaus nicht immer ahnungslos und unkontrolliert. Es kann von alten Leuten Kindisches, Unpraktisches, Unrentables und Spielerisches auch bei vollem (oder halbem?) Bewußtsein und mit einer ähnlichen Art von Spielgenuß getan werden, wie ihn das Kind empfindet, wenn es mit der Puppe spricht oder lediglich durch seine eigene Stimmung und Gesinnung den kleinen Küchengarten der Mutter in einen von Tigern, Schlangen und feindlichen Indianerstämmen belebten Urwald umzaubert.

Ein Beispiel: Dieser Tage ging ich des Vormittags nach gelesener Post in den Garten. Ich sage »Garten«, doch ist es in Wirklichkeit ein ziemlich steiler und sehr im Verwildern begriffener Grashang mit einigen Rebenterrassen, wo die Rebstöcke zwar von unserm alten Taglöhner gut gehalten werden, alles andre aber die heftige Tendenz zeigt, sich in Wald zurückzuwandeln. Wo vor zwei Jahren noch Wiese war, da ist das Gras jetzt dünn und kahl, statt seiner gedeihen Anemonen, Salomonssiegel, Einbeere, Heidelbeere, da und dort auch schon Brombeere und Heidekraut, dazwischen überall wolliges Moos. Dies Moos samt seinen Nachbarpflanzen müßte von Schafen abgeweidet und der Boden von ihren Hufen festgetreten werden, um die Wiese zu retten, aber wir haben keine Schafe und hätten für die gerettete Wiese auch keinen Dung, und so kriecht das zähe Wurzelgeflecht der Heidelbeere und ihrer Kameraden von Jahr zu Jahr tiefer ins Grasland hinein, dessen Erde damit wieder zu Waldboden wird.

Je nach Laune sehe ich dieser Rückverwandlung mit Unmut oder mit Vergnügen zu. Manchmal mache ich mich über ein Stückchen der sterbenden Wiese her, gehe dem wuchernden Wildwuchs mit Rechen und Fingern zu Leibe, kämme ohne

Erbarmen die Moospolster zwischen den bedrängten Grasbüscheln heraus, reiße ein Körbchen voll Heidelbeerkraut mit den Wurzeln aus, ohne doch an einen Nutzen dieses Tuns zu glauben, wie denn meine Gärtnerei im Lauf der Jahre ganz zu einem Einsiedlerspiel ohne praktischen Sinn geworden ist, das heißt einen solchen Sinn hat es nur für mich allein, als persönliche Hygiene und Ökonomie. Ich brauche, wenn die Schmerzen in Augen und Kopf zu lästig werden, einen Wechsel der mechanischen Tätigkeit, eine physische Umstellung. Die in langen Jahren von mir zu diesem Zweck erfundene gärtnerische und köhlerische Scheinarbeit hat nicht nur dieser körperlichen Umstellung und Entspannung zu dienen, sondern auch der Meditation, dem Fortspinnen von Phantasiefäden und der Konzentration von Seelenstimmungen. – Zuweilen also suche ich meiner Wiese das Waldwerden etwas zu erschweren. Ein andermal bleibe ich vor jenem Erdwall stehen, den wir vor mehr als zwanzig Jahren am Südrand des Grundstücks aufgeworfen haben, er besteht aus der Erde und den zahllosen Steinen, die beim Ziehen eines Schutzgrabens, zur Abhaltung des benachbarten Waldes, ausgehoben wurden, und war einst mit Himbeeren bepflanzt. Jetzt ist dieser Wall mit

Beim Gartenfeuer im Februar 1958

Moos, Waldgräsern, Farnen, Heidelbeeren überzogen, und einige schon ganz stattliche Bäume, namentlich eine schattige Linde, stehen dort als Vorposten des langsam wieder andrängenden Waldes. Ich hatte, an diesem besonderen Vormittag, nichts gegen Moos und Gestrüpp, gegen Verwilderung und Wald, sondern sah dem Gedeihen der wilden Pflanzenwelt mit Bewunderung und Vergnügen zu. Und in der Wiese standen überall die jungen Narzissen, mit fleischigem Blattwerk, noch nicht ganz erblüht, mit noch geschlossenen, noch nicht weißen, sondern sanftgelben Kelchen von der Farbe der Freesien.

Ich ging also langsam durch den Garten, sah mir das junge, rotbraune und von der Morgensonne durchschienene Rosenlaub und die kahlen Strünke der eben wieder ausgepflanzten Dahlien an, zwischen denen mit unbändiger Lebenskraft die feisten Schäfte der Türkenbundlilien emporstrebten, hörte weiter unten im Gelände den treuen Weinbergmann Lorenzo mit Gießkannen klappern und beschloß, ihn anzusprechen und allerlei Gartenpolitik mit ihm zu beraten. Langsam stieg ich von Terrasse zu Terrasse den Hang hinab, mit einigem Werkzeug bewaffnet, freute mich an den Traubenhyazinthen im Grase, die ich vor vielen

Jahren einst zu Hunderten über den Hang verteilt habe, überlegte mir, welches Beet dies Jahr für die Zinnien in Betracht komme, sah mit Freude den schönen Goldlack blühen und sah mit Unbehagen die Lücken und brüchigen Stellen in der aus Zweigen geflochtenen Umzäunung des oberen Komposthaufens, der ganz mit dem schönen Rot der gefallenen Kamelienblüten bedeckt war. Ich stieg vollends hinab bis zum ebenen Gemüsegarten, begrüßte Lorenzo und brachte das geplante Gespräch in Gang durch die Frage nach seinem und seiner Frau Befinden und einen Meinungsaustausch über das Wetter. Gut, daß offenbar etwas Regen kommen würde, meinte ich. Lorenzo aber, der beinah gleich alt ist wie ich, stützte sich auf seinen Spaten, warf einen kurzen schrägen Blick auf das treibende Gewölk und schüttelte den grauen Kopf. Es werde heut kein Regen kommen. Man könne ja nie wissen, es gebe auch Überraschungen, obgleich . . ., und nochmals schielte er listig himmelwärts, schüttelte den Kopf energischer und schloß das Regengespräch: »No, Signore.«

Wir sprachen nun von den Gemüsen, den frisch gesteckten Zwiebeln, ich lobte alles sehr und lenkte zu meinen eigentlichen Anliegen hinüber. Die Umzäunung droben beim Komposthaufen könnte wohl nicht lang mehr halten, ich würde zu ihrer Erneuerung raten, natürlich nicht gerade jetzt, wo es alle Hände voll und mehr noch zu tun gäbe, aber so gegen den Herbst oder Winter hin vielleicht einmal? Er war einverstanden, und wir fanden, wenn er dann an diese Arbeit gehe, wäre es richtig, nicht bloß das Geflecht aus grünen Kastanienästen zu erneuern, sondern auch gleich die Pfähle. Sie würden zwar schon noch ein Jährchen standhalten, aber es wäre doch besser . . . Ja, sagte ich, und da wir schon vom Komposthaufen sprächen, wäre es mir auch lieb, wenn er im Herbst nicht wieder die ganze gute Erde den oberen Beeten geben, sondern mir etwas für die Blumenterrasse beiseite tun würde, wenigstens ein paar Schubkarren voll. Gut, und dann dürften wir auch nicht vergessen, dies Jahr die Erdbeeren zu vermehren und das unterste Erdbeerenbeet, das bei der Hecke, das schon manche Jahre stehe, abzuräumen. Und so fiel bald mir, bald ihm noch dies und jenes Gute und Nützliche ein, für den Sommer, für den September, für den Herbst. Und nachdem wir das alles schön durchgesprochen hatten, ging ich weiter, und Lorenzo machte sich wieder an die Arbeit, und wir waren beide mit den Ergebnissen unserer Beratung zufrieden.

Motiv aus Hesses Garten, Geräteschuppen mit Weide

Keinem von uns war es eingefallen, etwa plump an einen uns beiden wohlbekannten Sachverhalt zu erinnern, was unser Gespräch gestört und illusorisch gemacht hätte. Wir hatten schlicht und gutgläubig, oder doch nahezu gutgläubig, miteinander verhandelt. Und doch wußte Lorenzo ebenso gut wie ich, daß dies Gespräch mit seinen guten Vorsätzen und Planungen weder in seinem noch in meinem Gedächtnis haften würde, daß wir beide es in längst vierzehn Tagen ganz und gar würden vergessen haben, Monate vor den Terminen für das Instandsetzen des Komposthaufens und für das Vermehren der Erdbeerpflanzen. Unser Morgengespräch unter dem nicht zum Regnen geneigten Himmel war einzig um seiner selbst willen geführt worden, ein Spiel, ein Divertimento, eine rein ästhetische Unternehmung ohne Folgen. Mir war es ein Vergnügen gewesen, eine Weile in Lorenzos gutes altes Gesicht zu blicken und Objekt seiner Diplomatie zu sein, die dem Partner, ohne ihn ernstzunehmen, eine Schutzwand hübschester Höflichkeit entgegenstellt. Auch haben wir als Altersgenossen ein Gefühl von Brüderlichkeit füreinander, und wenn einer von uns einmal besonders stark hinkt oder besondere Schwierigkeiten mit den geschwollenen Fingern hat, wird darüber zwar nicht geredet, aber der andere lächelt verstehend und leicht überlegen und hat für diesmal das Gefühl einer gewissen Genugtuung, auf der Basis einer Zusammengehörigkeit und Sympathie, wobei jeder nicht ungern sich als den augenblicklich Rüstigeren empfindet, doch aber auch mit einem vorwegnehmenden Bedauern des Tages denkt, an dem der andre nicht mehr neben ihm stehen wird.

(Aus »Notizblätter um Ostern«, 1954)

Verfrühter Herbst

Schon riecht es scharf nach angewelkten Blättern,
Kornfelder stehen leer und ohne Blick;
Wir wissen: eines von den nächsten Wettern
Bricht unserm müden Sommer das Genick.

Die Ginsterschoten knistern. Plötzlich wird
Uns all das fern und sagenhaft erscheinen,
Was heut wir in der Hand zu halten meinen,
Und jede Blume wunderbar verirrt.

Bang wächst ein Wunsch in der erschreckten Seele:
Daß sie nicht allzu sehr am Dasein klebe,
Daß sie das Welken wie ein Baum erlebe,
Daß Fest und Farbe ihrem Herbst nicht fehle.

Vor Tomatenstauden im Sommer 1937

*[Rausch des Aufschwungs und Fieber
der Grundstückspekulation]*

Als ich, nach einem Weltkrieg und privaten Schicksalsschlägen, vor vierzig Jahren hierher nach Montagnola kam, schiffbrüchig, aber zu Kampf und Neubeginn gewillt, da war Montagnola ein kleines verschlafenes Dorf inmitten von Rebbergen und Kastanienwäldern. So blieb es auch viele Jahre. Bis auch unser Hügel in jenes Stadium oder jene Krankheit geriet, die Knut Hamsun in den »Kindern ihrer Zeit« und der »Stadt Segelfoß« so unheimlich eindrücklich geschildert hat. Wo gestern noch ein launisch gewundenes Fußwegchen zwischen Rebenreihen und Geißblattheckchen sich am Hang verloren hatte, sah man heute über aufgewühltem Grund Lastwagen halten und Backsteine und Zementsäcke abladen, und wieder etwas später standen dort statt der Wiesenblumen, Reben und Feigenbäume Drahtzäune mit kleinen grellfarbigen Vorstadthäuschen dahinter, von der Stadt und dem Tal herauf kam es unablässig uns entgegengekrochen: Parzellierung, Neubauten, Straßen, Mauern, Beton-Mischmaschinen, Rausch des Aufschwungs und Fieber der Grundstückspekulation. Sterben des Waldes, der Wiesen, der Rebberge. Es knatterten die Maschinen des Baugewerbes, es dröhnte der Schlag des Niethammers auf den Öltanks. Es war nichts dagegen zu sagen, die Leute waren im Recht; auch ich hatte ja vor Jahrzehnten hier ein Stück Land abgegrenzt, eine Hecke darum gepflanzt, ein Haus und einen Garten und Wege darauf angelegt. Freilich war ich damals nicht so sehr eins der »Kinder ihrer Zeit« als vielmehr ein einzelner Verrückter, der sich da weit vom Dorf ansiedelte, Bäume pflanzte, mit dem Unkraut kämpfte und mit einigem Hochmut auf die Stadt und ihre Vorstädtchen hinabsah. Mit dem Hochmut war es längst zu Ende, unser Dörfchen war eine Stadt Segelfoß geworden, es wurde Haus um Haus und Straße um Straße gebaut, Läden wurden eröffnet oder vergrößert, es gab ein neues Postamt, ein Café, einen Zeitungskiosk, hundert neue Telefonanschlüsse, es verschwanden unsre einstigen Spazierwege, meine versteckten Malplätze und Rastorte der Klingsorzeit. Die große Welle hatte uns erreicht, wir waren kein Dorf und unsre Umgebung keine Landschaft mehr. Und so abgelegen und versteckt wir unser Haus vor bald dreißig Jahren gebaut hatten, die große Welle reichte jetzt bis zu unsern Füßen, Wiese um Wiese

*Unterhalb der Casa rossa und des Geräteschuppens
im November 1955*

wurde verkauft, parzelliert, überbaut und umzäunt. Noch schützte uns unsre Lage am Steilhang und an einem schmalen schlechten Wege, aber die Wiesenterrassen unterhalb unsres Bodens mit ihren paar Rebenreihen und Bäumen und ihrem malerischen alten Stall lockten schon Kauflustige an, teils Baulustige teils Spekulanten, zuweilen sah man dort unbekannte Leute prüfend herumsteigen, die Aussicht betrachten und mit langen Schritten Entfernungen abmessen. Morgen oder übermorgen würde uns dieser Rest von Natur und Friede genommen werden. Und es ging nicht bloß um uns zwei alte Leutchen und ihr Behagen, es ging um das, was unsre Gönner hier gebaut, geplant und angelegt und uns als Lehensleute überlassen hatten und was wir nun vermutlich nicht unversehrt würden zurückgeben können.

(Aus »Bericht an Freunde«, 1959)

Die Welt gönnt uns wenig mehr, sie scheint oft nur noch aus Radau und aus Angst zu bestehen, aber Gras und Bäume wachsen doch noch. Und wenn einmal die Erde vollends mit Betonkasten bedeckt sein wird, werden die Wolkenspiele noch immer da sein, und es werden da und dort Menschen sich mit Hilfe der Kunst eine Tür zum Göttlichen offen halten.

Leb wohl, Frau Welt

Es liegt die Welt in Scherben,
Einst liebten wir sie sehr,
Nun hat für uns das Sterben
Nicht viele Schrecken mehr.

Man soll die Welt nicht schmähen.
Sie ist so bunt und wild,
Uralte Zauber wehen
Noch immer um ihr Bild.

Wir wollen dankbar scheiden
Aus ihrem großen Spiel:
Sie gab uns Lust und Leiden,
Sie gab uns Liebe viel.

Leb wohl, Frau Welt, und schmücke
Dich wieder jung und glatt,
Wir sind von deinem Glücke
Und deinem Jammer satt.

[Ein Ruf aus dem Jenseits der Konventionen]

Neulich wurde ich von einem jungen Mann, der mir schrieb, als »alt und weise« angesprochen. »Ich habe Vertrauen zu Ihnen«, schrieb er, »denn ich weiß, daß Sie alt und weise sind«. Ich hatte gerade einen etwas helleren Moment und nahm den Brief, der übrigens hundert anderen von anderen Leuten sehr ähnlich war, nicht in Bausch und Bogen, sondern fischte erst da und dort einen Satz, ein paar Worte heraus, betrachtete sie möglichst genau und befragte sie um ihr Wesen. »Alt und weise«, stand da, und das konnte einen müden und mürrisch gewordenen alten Mann zum Lachen reizen, der in seinem langen und reichen Leben der Weisheit sehr oft unendlich viel näher zu sein geglaubt hatte als jetzt in seinem reduzierten und wenig erfreulichen Zustand. Alt, ja, das war ich, das stimmte, alt und verbraucht, enttäuscht und müde. Und doch konnte ja auch das Wort »alt« ganz anderes ausdrücken! Wenn man von alten Sagen, alten Häusern und Städten, alten Bäumen, alten Gemeinschaften, alten Kulten sprach, so war mit dem »alt« durchaus nichts Entwertendes, Spöttisches oder Verächtliches gemeint. Also auch die Qualitäten des Alters konnte ich nur sehr teilweise

*Schreibtisch mit Aquarellpallette und Adressenkartei
der Briefpartner*

für mich in Anspruch nehmen; ich war geneigt, von den vielen Bedeutungen des Wortes nur die negative Hälfte gelten zu lassen und auf mich anzuwenden. Nun, für den jungen Briefschreiber mochte das Wort »alt« meinetwegen auch einen malerischen, graubärtigen, milde lächelnden, einen teils rührenden, teils ehrwürdigen Wert und Sinn haben; wenigstens hatte es diesen Nebensinn für mich in den Zeiten, da ich selbst noch nicht alt war, stets gehabt. Also gut, man konnte das Wort gelten lassen, verstehen und als Anrede würdigen.

Nun aber das Wort »weise«! Ja, was sollte das eigentlich bedeuten? Wenn das, was es bedeuten sollte, ein Nichts war, etwas Allgemeines, Verschwommenes, ein gebräuchliches Epitheton, eine Phrase, nun dann konnte man es überhaupt weglassen. Und wenn es das nicht war, wenn es wirklich etwas bedeuten sollte, wie sollte ich hinter diese Bedeutung kommen? Ich erinnerte mich einer alten, von mir oft angewandten Methode, an die des freien Assoziierens. Ich ruhte mich ein wenig aus, spazierte ein paarmal durchs Zimmer, sagte mir noch einmal das Wort »weise« vor und wartete, was mir als Erstes dazu einfallen werde. Siehe da, als Einfall meldete sich ein anderes Wort, das Wort Sokrates. Das war immerhin etwas, es war nicht bloß ein Wort, es war ein Name, und hinter dem Namen stand nicht eine Abstraktion, sondern eine Gestalt, ein Mensch. Was nun hatte der dünne Begriff Weisheit mit dem saftigen, sehr realen Namen Sokrates zu tun? Das war leicht festzustellen. Weisheit war diejenige Eigenschaft, welche von den Schul- und Hochschullehrern, von den vor überfülltem Saale vortragenden Prominenten, von den Autoren der Leitartikel und Feuilletons dem Sokrates unweigerlich als erste zugesprochen wurde, sobald sie auf ihn zu sprechen kamen. Der weise Sokrates. Die Weisheit des Sokrates – oder, wie der prominente Vortragende sagen würde: die Weisheit eines Sokrates. Mehr war über diese Weisheit nicht zu sagen. Wohl aber meldete sich, kaum hatte man die Phrase gehört, eine Realität, eine Wahrheit, nämlich der wirkliche Sokrates, eine trotz aller Legendendrapierung recht kräftige, recht überzeugende Gestalt. Und diese Gestalt, dieser athenische alte Mann mit dem guten häßlichen Gesicht hatte über seine eigene Weisheit ganz unmißverständliche Auskunft gegeben, er hatte sich kräftig und ausdrücklich dazu bekannt, daß er nichts, absolut nichts wisse, und auf das Prädikat Weisheit keinerlei Anspruch habe . . .

Da stand ich alter weiser Mann denn vor dem alten unweisen Sokrates und hatte mich zu wehren oder zu schämen. Zum Schämen war mehr als genug Ursache; denn ungeachtet aller Schliche und Spitzfindigkeiten wußte ich ja recht wohl, daß der Jüngling, der mich als Weisen ansprach, dies keineswegs nur aus eigener Torheit und jugendlicher Ahnungslosigkeit heraus tat, sondern daß ich ihm dazu Anlaß gegeben, ihn dazu verführt, dazu halb und halb ermächtigt hatte durch manche meiner dichterischen Worte, in denen etwas wie Erfahrung und Nachgedachthaben, etwas wie Lehre und Altersweisheit spürbar wird, und wenn ich auch, glaube ich, die meisten meiner dichterisch formulierten »Weisheiten« nachher wieder in Anführungszeichen gesetzt, angezweifelt, ja umgestoßen und widerrufen hatte, so hatte ich doch, alles in allem, in meinem ganzen Leben und Tun mehr bejaht als verneint, mehr zugestimmt oder doch geschwiegen als gekämpft, hatte oft genug den Traditionen des Geistes, des Glaubens, der Sprache, der Sitte Reverenz erwiesen. In meinen Schriften war zwar unleugbar da und dort ein Wetterleuchten zu spüren, ein Riß in den Wolken und Draperien der hergebrachten Altarbilder, ein Riß, hinter dem es bedrohlich apokalyptisch geisterte, es war da und dort angedeutet, daß des Menschen sicherster Besitz seine Armut, des Menschen eigentlichstes Brot sein Hunger sei; aber alles in allem hatte ich, gerade so wie alle andern Menschen auch, mich lieber den schönen Formwelten und Traditionen zugewandt, hatte die Gärten der Sonaten, Fugen, Symphonien allen apokalyptischen Feuerhimmeln und die zauberhaften Spiele und Tröstungen der Sprache allen Erlebnissen vorgezogen, in denen die Sprache aufhört und zu nichts wird, weil für einen schrecklich-schönen, vielleicht seligen, vielleicht tödlichen Augenblick das Unsagbare, Undenkbare, das nur als Geheimnis und Verwundung zu erlebende Innere der Welt uns anblickt. Wenn der briefschreibende Jüngling in mir nicht einen unwissenden Sokrates, sondern einen Weisen im Sinn der Professoren und der Feuilletons sah, so hatte ich ihm dazu im großen ganzen doch das Recht gegeben...

Die Untersuchung der Worte »alt und weise« hatte mir also wenig Nutzen gebracht. Ich ging nun, um doch irgendwie mit dem Brief fertig zu werden, den umgekehrten Weg und suchte nicht von irgendwelchen einzelnen Worten aus Aufklärung zu gewinnen, sondern vom Inhalt, vom

Beim Lesen der Post, Ostern 1954

Ganzen des Anliegens, das den jungen Mann zu seinem Brief veranlaßt hatte. Dies Anliegen war eine Frage, eine scheinbar sehr einfache, also scheinbar auch einfach zu beantwortende Frage. Sie lautete: »Hat das Leben einen Sinn, und wäre es nicht besser, sich eine Kugel in den Kopf zu schießen?« Auf den ersten Blick scheint diese Frage nicht sehr viele Antworten zuzulassen. Ich konnte antworten: Nein, Lieber, das Leben hat keinen Sinn, und es ist in der Tat besser usw. Oder ich konnte sagen: Das Leben, mein Lieber, hat freilich einen Sinn, und der Ausweg mit der Kugel kommt nicht in Frage. Oder aber: Zwar hat das Leben keinen Sinn, aber darum braucht man sich dennoch nicht totzuschießen. Oder aber: Das Leben hat zwar seinen guten Sinn, aber es ist so schwer, dem gerecht zu werden oder auch nur ihn zu erkennen, daß man doch wohl besser tut, sich eine Kugel usw.

Dies etwa, könnte man beim ersten Hinsehen meinen, wären die auf des Knaben Frage möglichen Antworten. Aber kaum probiere ich es weiter mit Möglichkeiten, so sehe ich bald, daß es nicht vier oder acht, sondern hundert und tausend Antworten gibt. Und doch, möchte man schwören, gibt es für diesen Brief und seinen Briefschreiber im Grunde nur eine einzige Antwort, nur eine einzige Tür ins Freie, nur eine einzige Erlösung aus der Hölle seiner Not.

Diese einzige Antwort zu finden, dazu hilft mir keine Weisheit und kein Alter. Die Frage des Briefes stellt mich ganz und gar ins Dunkle, denn jene Weisheiten, über die ich verfüge, und auch jene Weisheiten, über welche noch weit ältere und erfahrenere Seelsorger verfügen, sind zwar für Bücher und Predigten, für Vorträge und Aufsätze vortrefflich zu verwenden, nicht aber für diesen einzelnen, wirklichen Fall, nicht für diesen aufrichtigen Patienten, der zwar den Wert des Alters und der Weisheit sehr überschätzt, dem es aber bittrer Ernst ist und der mir alle Waffen, Schlichen und Kniffe durch die einfachen Worte aus der Hand schlägt: »Ich habe zu Ihnen Vertrauen.«

Wie wird nun dieser Brief mit einer so kindlichen wie ernsten Frage seine Antwort finden?

Aus dem Brief ist mir etwas angeflogen, etwas entgegengeblitzt, was ich mehr mit den Nerven als mit dem Verstand, mehr mit dem Magen oder Sympathicus als mit der Erfahrung und Weisheit spüre und verarbeite: ein Hauch von Wirklichkeit, ein Blitz aus klaffendem Wolkenriß, ein Anruf von drüben, aus dem Jenseits von Konventionen und

Beruhigungen, und es gibt keine Lösung als entweder Sichdrücken und Schweigen, oder aber Gehorsam und Annahme des Anrufs. Vielleicht habe ich noch die Wahl, vielleicht kann ich mir noch sagen: dem armen Knaben kann ich ja doch nicht helfen, ich weiß ja so wenig wie er, vielleicht kann ich den Brief zu unterst unter einen Stoß andrer Briefe legen und so lange halbbewußt für sein Untenbleiben und allmähliches Verschwinden sorgen, bis er vergessen ist. Aber indem ich das denke, weiß ich auch schon: ich werde ihn erst dann vergessen können, wenn er tatsächlich beantwortet, und zwar richtig beantwortet ist. Daß ich das weiß, daß ich davon überzeugt bin, kommt nicht aus Erfahrungen und Weisheit, es kommt von der Kraft des Anrufs, von der Begegnung mit der Wirklichkeit. Es kommt also die Kraft, aus der ich meine Antwort schöpfen werde, schon nicht mehr aus mir, aus der Erfahrung, aus der Klugheit, aus der Übung, aus der Humanität, sondern aus der Wirklichkeit selbst, aus dem winzigen Splitterchen Wirklichkeit, das jener Brief mir zugetragen hat. Die Kraft also, die diesen Brief beantworten wird, liegt im Briefe selbst, er selbst wird sich beantworten, der Jüngling selbst wird sich Antwort geben. Wenn er aus mir, dem Stein, dem

Alten und Weisen, einen Funken schlägt, so ist es sein Hammer, sein Schlagen, seine Not, seine Kraft allein, die den Funken weckt.

Ich darf nicht verschweigen, daß ich diesen Brief mit dieser selben Frage schon sehr viele Male bekommen, gelesen und beantwortet oder nicht beantwortet habe. Nur ist die Kraft der Not nicht immer die gleiche, es sind nicht nur die starken und reinen Seelen, die zu irgendeiner Stunde solche Fragen stellen, es kommen auch die reichen Jünglinge mit ihren halben Leiden und ihrer halben Hingabe. Mancher schon hat mir geschrieben, ich sei es, in dessen Hand er die Entscheidung lege; ein Ja von mir, und er werde genesen, und ein Nein, so werde er sterben – – und so kräftig das klang, spürte ich doch den Appell an meine Eitelkeit, an meine eigene Schwäche, und kam zum Urteil: dieser Briefschreiber wird weder an meinem Ja genesen noch an meinem Nein sterben, sondern weiter seine Problematik kultivieren und seine Frage vielleicht noch an manche andere sogenannte Alte und Weise richten, sich an den Antworten ein wenig trösten und ein wenig belustigen, und eine Sammlung von ihnen in einer Mappe anlegen.

Wenn ich diesem heutigen Briefschreiber solches nicht zutraue, wenn ich ihn ernst nehme, sein Vertrauen erwidere und den Wunsch habe, ihm zu helfen, so geschieht dies alles nicht durch mich, sondern durch ihn, es ist seine Kraft, die mir die Hand führt, seine Wirklichkeit, die meine konventionelle Altersweisheit durchbricht, seine Reinheit, die auch mich zur Lauterkeit zwingt, nicht irgendeiner Tugend, einer Nächstenliebe, einer Humanität wegen, sondern dem Leben und der Wirklichkeit zuliebe, so wie man, wenn man ausgeatmet hat, trotz allen Vorsätzen oder Weltanschauungen nach einer kleinen Weile notwendig wieder einatmen muß. Wir tun es nicht, es geschieht mit uns.

Und wenn ich mich nun, von der Not gepackt, vom Wetterleuchten des wahren Lebens angestrahlt, von der schwer erträglichen Dünne seiner Luft zu raschem Tun zwingen lasse, dann habe ich diesem Brief keine Gedanken und Zweifel mehr entgegenzusetzen, ihn keiner Untersuchung und Diagnose mehr zu unterziehen, sondern ich habe seinem Ruf zu folgen und habe nicht meinen Rat und mein Wissen herzugeben, sondern das einzige, was helfen kann, nämlich die Antwort, die der Jüngling haben will, und die er nur aus einem andern Munde zu hören braucht, um zu spüren, daß es seine eigene Antwort, seine eigene Notwendigkeit ist, die er da beschworen hat.

Es braucht viel, daß ein Brief, eine Frage eines Unbekannten den Empfänger wirklich erreicht, denn der Briefschreiber kann sich ja, trotz aller echten und dringenden Not, auch nur in konventionellen Zeichen ausdrücken. Er fragt: »Hat das Leben einen Sinn?«, und das klingt vag und töricht wie ein Knabenweltschmerz. Aber er meint ja nicht »das« Leben, es ist ihm ja nicht um Philosophien, Dogmatiken oder Menschenrechte zu tun, sondern er meint einzig und allein sein Leben, und er will von meiner angeblichen Weisheit keineswegs einen Lehrsatz hören oder eine Anweisung in der Kunst, dem Leben einen Sinn zu geben; nein, er will, daß seine wirkliche Not von einem wirklichen Menschen gesehen, einen Augenblick geteilt, und dadurch für diesmal überwunden werde. Und wenn ich ihm diese Hilfe gewähre, so bin nicht ich es, der geholfen hat, sondern es ist die Wirklichkeit seiner Not, die mich Alten und Weisen für eine Stunde des Alters und der Weisheit entkleidet und mit einer glühend eisigen Welle von Wirklichkeit übergossen hat.

(Aus »Geheimnisse«, 1947)

Ende August

Noch einmal hat, auf den wir schon verzichtet,
Der Sommer seine Kraft zurückgewonnen;
Er strahlt, zu kürzern Tagen wie verdichtet,
Er prahlt mit glühend wolkenlosen Sonnen.

So mag ein Mensch am Ende seines Strebens,
Da er enttäuscht sich schon zurückgezogen,
Noch einmal plötzlich sich vertraun den Wogen,
Wagend im Sprung die Reste seines Lebens.

Ob er an eine Liebe sich verschwende,
Ob er zu einem späten Werk sich rüste,
In seine Taten klingt, in seine Lüste
Herbstklar und tief sein Wissen um das Ende.

Herbstliche Erlebnisse

Der unvergleichliche Sommer dieses Jahres, eines für mich an Geschenken, Festen, Herzenserlebnissen, aber auch an Plage und Arbeit überreichen Jahres begann gegen sein Ende hin etwas von seiner so freundlichen, gnädigen, heiteren Laune zu verlieren, er bekam Anfälle von Trübsinn, von Ärger und Unlust, ja schon von Überdruß und Sterbensbereitschaft. War man nachts bei hellstem Sternenhimmel zu Bett gegangen, so empfing einen zuweilen am Morgen ein dünnes, graues, müdes und krankes Licht, die Terrasse war naß und strömte feuchte Kälte aus, der Himmel ließ schlaffe, formlose Wolken bis tief in die Täler herab hängen und schien jeden Augenblick zu neuen Regengüssen bereit, und die Welt, die eben noch in Sommerfülle und Sommersicherheit geatmet hatte, roch bang und bitter nach Herbst, Verwesung und Tod, obwohl noch immer die Wälder und sogar die Grashänge, die sonst um diese Jahreszeit verbrannt und braungelb stehen, ihr festes Grün behielten. Er war krank geworden, unser eben noch so rüstiger und zuverlässiger Spätsommer, er war müde geworden, hatte Launen und »mauderte«, wie man im Schwäbischen sagt. Aber er lebte noch. Beinahe jedem dieser Anfälle von Schlaffheit, Sichgehenlassen und Verdrießlichkeit folgte ein Sichwehren und Aufblühen, ein Zurückstreben in das schöne Vorgestern, und diese Tage – oft waren es nur Stunden – des Wiederauflebens hatten eine besondere, rührende und beinah ängstliche Schönheit, ein verklärtes Septemberlächeln, in dem Sommer und Herbst, Kraft und Müdigkeit, Lebenswille und Schwäche wunderbar gemischt waren. An manchen Tagen kämpfte sich diese Altersschönheit des Sommers langsam und mit Atempausen, Pausen der Erschöpfung, durch, zögernd eroberte das überklare, zarte Licht sich den Horizont und die Berggipfel, und am Abend lag Welt und Himmel in beruhigter, stiller Heiterkeit, kühlklar und weitere helle Tage versprechend. Aber über Nacht ging alles wieder verloren, am Morgen schleifte der Wind schwere Regenschweife über die triefende Landschaft hin, vergessen war das heitre verheißungsvolle Lächeln des Abends, weggewischt die duftigen Farben und aufs neue erloschen und in Müdigkeit ertrunken die helle Tapferkeit und der Siegermut nach dem Kampf von gestern.

Es war nicht nur meinetwegen, daß ich diese Schwankungen und seltsam exzentrischen Umschwünge mit Mißtrauen und einiger Beunruhigung beobachtete. Es war nicht nur mein Alltagsleben, das von diesen Einbrüchen bedroht war und sich auf eine Zeit des Eingesperrtseins in Haus und Stube gefaßt machen mußte. Es stand auch ein wichtiges Ereignis bevor, für das ein freundlicher Himmel und etwas Wärme mehr als erwünscht schienen: der Besuch eines lieben alten Freundes aus Schwaben. Dieser Besuch, schon mehrmals verschoben, war jetzt in wenigen Tagen fällig. Es hätte mir, obwohl der Freund nur für einen einzigen Abend mein Gast sein wollte, einen Verlust bedeutet, wenn Ankunft, Hiersein und Abreise bei unfrohem und finsterem Wetter hätten stattfinden müssen. So sah ich den Krankheiten und Erholungen, dem unruhigen Auf und Ab der Witterung mit Sorge zu. Mein Sohn, der mir während einer langen Abwesenheit meiner Frau Gesellschaft leistete, half mir in Wald und Rebberg, ich tat im Hause meine tägliche Arbeit, suchte auch ein Geschenk für den erwarteten Besuch heraus, und abends erzählte ich meinem Sohn ein wenig von dem Erwarteten, von unserer Freundschaft und von dem Wesen und Wirken meines Freundes, der in seinem Lande von den Wissenden als Erbe und Verkörperung der besten Tradition, als einer

Mit seinen Söhnen Heiner und Martin

der guten Geister des Landes verehrt und geliebt wird. Wie leid hätte es mir getan, wenn Otto, der meines Wissens seit Jahrzehnten nicht mehr im Süden gewesen war und der mein Haus, meinen Garten und meine Aussicht übers Seetal noch nie gesehen hatte, dies alles fröstelnd und im naß-düsteren Licht eines Regentags erblickt hätte. Heimlich aber beschäftigte und plagte mich auch noch ein andrer Gedanke, ein eigentümlich beengender und beschämender: Mein Jugendfreund, erst Rechtsanwalt, dann Oberbürgermeister einer Stadt, dann eine Weile Staatsbeamter, dann im Ruhestand mit allerlei, zum Teil wichtigen Ehrenämtern beladen, hatte nie in sehr behaglichen oder gar üppigen Verhältnissen gelebt, hatte unter Hitlers Regiment als nicht gleichzuschaltender Beamter mit großer Familie eine Hungerzeit, dann den Krieg, die Bombardierungen, den Verlust von Heim und Habe erlitten, sich tapfer und heiter mit einem spartanisch bedürfnislosen Leben abgefunden – wie würde es ihm vorkommen, mich hier vom Krieg verschont, in einem geräumig-behaglichen Hause zu finden, mit zwei Arbeitsräumen, mit Dienstboten und mancher Bequemlichkeit, die ich nur schwer hätte entbehren können, die ihm aber wie ein veralteter Luxus erscheinen würde?

Gewiß, er wußte um mein Leben so einigermaßen Bescheid, er wußte, daß ich all dies Angenehme und vielleicht Üppige nach langen Entbehrungen unter schweren Verzichten erworben oder geschenkt bekommen habe. Aber trotzdem, mein Wohlstand würde zwar keinen Neid bei ihm, dem vielleicht lautersten meiner Freunde, erwecken können, doch würde er am Ende ein Lächeln unterdrücken müssen über all das Überflüssige und Unnötige, was er bei mir vorfand und was mir nötig zu sein schien. Komische Wege führt einen das Leben: Einst hatte ich manche Hemmungen und Schwierigkeiten, weil ich arm war und Fransen an den Hosen hatte, und jetzt waren es Besitz und Behagen, deren ich mich zu schämen hatte. Mit dem Beherbergen der ersten Emigranten und Flüchtlinge hatte es begonnen.

Meinem Sohn erzählte ich, wann und wo wir beiden Freunde uns zuerst hatten kennen lernen. Vor einundsechzig Jahren, es war auch damals September, waren wir von unsern Müttern ins Kloster Maulbronn als Schüler eingeliefert worden, ich habe das einst in einem meiner Bücher beschrieben, es ist eine in Schwaben wohlbekannte Zeremonie. Dort wurde Otto mein Schulkamerad, noch nicht aber mein Freund. Das ergab sich erst bei späteren Wiederbegegnungen, aber es wurde eine feste, unsentimentale und herzliche Freundschaft daraus. Mein Freund hatte zur Dichtung eine unmittelbare, starke Beziehung, ererbt schon von einem gelehrten und kultivierten Vater und ein Leben lang gepflegt und genährt, das machte ihn empfänglich für Werk und Person eines ihm noch durch gemeinsame Erinnerungen verbundenen Dichters. Und mir war der Freund bewundernsund zuzeiten auch beneidenswert durch seine feste Verwurzelung in einem Heimatboden und Volkstum, das verlieh seinem ohnehin gesetzten und ruhigen Wesen eine Sicherheit und breite Basis, die mir fehlte. Er war weit von jedem Nationalismus entfernt, und gegen patriotisches Großtun und Schreiertum womöglich noch empfindlicher als ich, aber er war in seinem Schwaben, seiner Landschaft und Geschichte, seiner Sprache und Literatur, seinem Besitz an Sprichwörtern und Brauchtum vollkommen zu Hause, und was als natürliches Erbe begonnen hatte, das Vertrautsein mit den Geheimnissen, den Wachstums- und Lebensgesetzen, auch den Krankheiten und Gefahren dieses heimatlichen Volkstums, war in Jahrzehnten durch Erfahrung und Studium zu einem Wissen geworden, um das mancher rednerische Patriot ihn beneidete. Für mich jedenfalls, den Außenseiter, war er eine Verkörperung des besten Schwabentums.

Und schließlich also kam er an, das Fest des Wiedersehens fand statt. Er war ein klein wenig älter und seine Bewegungen etwas langsamer seit unsrer letzten Zusammenkunft, aber wie jedes frühere Mal erschien er mir für sein Alter, das ja auch das meine war, bewundernswert rüstig und kräftig, fest stand er auf seinen geübten Wanderbeinen, wie jedesmal kam ich mir neben ihm eher windig und schwächlich vor. Und er kam nicht ohne Gastgeschenk. Als Sendbote meiner schwäbischen Verwandten brachte er mir ein schweres Paket mit, das enthielt, soweit sie sich eben erhalten hatten, alle Briefe, die ich seit etwa 1890 bis 1948 an meine Schwester Adele geschrieben hatte. So brachte er mir nicht nur die Möglichkeit mit, im Gespräch Vergangenes zu beschwören, sondern auch noch eine ganze Truhe voll kondensierter, dokumentierter Vergangenheit. Aber obwohl mir mein für ihn bereitgelegtes Geschenkchen jetzt recht gewichtlos erscheinen wollte, spürte ich doch vom Augenblick seiner Ankunft an nichts mehr von Beschämung und führte ihn heiter und guten Gewissens durch mein Haus. Wir freuten uns beide aneinander, er war bei guter Reisestimmung, und bei mir war mit dem Gast ein Stück Knabenzeit und Jugendheimat eingekehrt. Es gelang mir auch, ihn von seiner Absicht abzubringen, gleich am nächsten Morgen wieder abzureisen, er willigte ein, diese Abreise um einen Tag aufzuschieben. Mit meinem Sohn ging er um wie ein freundlich-höflicher alter Herr, dem noch mit fünfundsiebzig Jahren eine neue Bekanntschaft nicht Last, sondern anregende Freude ist. Martin spürte denn auch, daß er da einen besonderen und wertvollen Mann dürfe kennen lernen, er hat uns beide auch mehrmals, wie wir im Gespräch vor dem Hause standen, mit der Kamera beschlichen und aufgenommen.

Von denen, für die ich diesen Bericht aufschreibe, sind nur sehr wenige so alt wie ich. Die meisten von ihnen wissen nicht, was für alte Leute, zumal wenn sie ihr Leben fern von den Räumen und Bildern ihres Jugendlebens verbracht haben, ein Gegenstand bedeuten kann, der ihnen die Wirklichkeit jener Jugendzeit bezeugt, ein altes Möbelstück, eine verbleichende Photographie, ein Brief, dessen Handschrift und Papier beim Wiedersehen ganze Schatzkammern vergangenen Lebens öffnet und beleuchtet und in dem wir Scherznamen und familiäre Ausdrücke entdeckten, die heute niemand mehr verstünde und deren Klang und Gehalt wir selbst erst wieder mit einer kleinen angenehmen Anstrengung uns klar machen müssen. Und viel mehr, sehr viel mehr als solche Dokumente aus ferner Zeit bedeutet die Wiederbegegnung mit einem lebendigen Menschen, der einst mit dir Knabe und Jüngling gewesen ist, der deine längst begrabenen Lehrer gekannt und Erinnerungen an sie aufbewahrt hat, die dir verloren gegangen sind. Wir sehen einander an, der Schulkamerad und ich, und jeder sieht am andern nicht nur den weißen Schopf und die müden Augen unter den faltig und etwas starr gewordenen Lidern, er sieht hinter dem Heute das Damals; es sprechen nicht nur zwei alte Männer miteinander, es spricht überdies der Seminarist Otto mit dem Seminaristen Hermann, und jeder sieht unter den vielen darüber geschichteten Jahren noch den vierzehnjährigen Kameraden, hört seine Knabenstimme von damals, sieht ihn in der Schulbank sitzen und Gesichter schneiden, sieht ihn Ball oder Wettrennen spielen, mit fliegenden Haaren und blitzenden Augen, sieht auf dem noch kindlichen Gesicht die ersten Morgenlichter der Begeisterung, der Rührung und der Andacht bei frühen Begegnungen mit dem Geist und mit dem Schönen.

Nebenbei bemerkt: Daß häufig Menschen im Alter den Sinn für Geschichte bekommen, den sie in der Jugend nicht hatten, beruht auf dem Wissen um diese vielen Schichten, die im Lauf mancher Jahrzehnte des Erlebens und Erleidens sich in einem Menschengesicht und einem Menschengeist überdecken. Im Grunde, wenn auch längst nicht immer bewußt, denken alle Alten historisch. Sie sind mit der obersten Schicht, die den Jungen so gut steht, nicht zufrieden. Sie möchten sie nicht missen oder tilgen, aber sie möchten unter ihr auch die Folge jener Erlebens-Schichten wahrnehmen, die der Gegenwart erst ihr volles Gewicht geben.

Nun, unser erster Abend war ein wirkliches Fest. Es kamen nicht nur Jugenderinnerungen zur Sprache, und es blieb nicht bei Berichten über Leben, Befinden oder kürzlich erfolgten Tod unserer Kameraden von Maulbronn, es kam auch zu Gesprächen und Bekenntnissen allgemeiner Art, über schwäbische und über deutsche Dinge, über das kulturelle Leben dort drüben, über Taten und Leiden bedeutender Zeitgenossen. Doch waren unsere Gespräche vorwiegend heiter, auch von sehr ernsten Sachen wurde mehr spielend und mit der Distanz geredet, welche uns Alten aktuellen Dingen gegenüber natürlich und bekömmlich ist. Doch war es für mich, den Einsiedler, immerhin eine ungewohnte Erregung, man war länger als sonst bei Tische geblieben, hatte drei Stunden geredet und reden gehört, war durch Grüße aus der einstigen Heimat erwärmt und tief ins Gestrüpp der Erinnerungen gelockt worden, und ich fühlte voraus, daß darauf eine schlechte Nacht folgen werde, worin ich nicht irrte. Aber ich war freudig bereit, das schöne Erlebnis auf meine Weise zu bezahlen. Nur war ich am Morgen krank und müde und froh, daß mein Sohn mir so hilfreich und freundlich zur Seite stand. Der Freund war munter und gelassen wie immer, ich hatte ihn niemals krank, nervös, verdrossen oder übermüdet gesehen. Ich hielt mich in den Morgenstunden ganz still, schluckte ein Pulver, und wurde von Mittag an wieder aufnahmefähig. Die Witterung war heiter, und ich konnte den Gast zu einer Rundfahrt um unsern Hügel einladen. Es war mir weder beschämend, noch weckte es Neid in mir, ihn so rüstig, wohl ausgeschlafen, für alles empfänglich neben mir zu sehen, es tat mir im Gegenteil wohl, es umgab diesen lieben Mann eine Aura von Ruhe und antiker Ataraxie, die ich willig und dankbar wahrnahm und auf mich wirken ließ. Wie gut, wie schön und richtig war es doch, daß wir beide so verschieden an Temperament, Konstitution und Gaben waren! Vielmehr: wie schön war es, daß jeder von uns seinem Wesen treu geblieben und gerade das geworden war, was seine Natur hergab, der gelassene, aber unermüdliche Beamte mit der starken Neigung zu Dichtung und Gelehrsamkeit, und der nervöse, allzu leicht ermüdbare und heimlich dennoch zähe Literat. Alles in allem genommen, hatte jeder von uns beiden so ziemlich das erreicht und verwirklicht, was er von sich verlangen durfte und das, was er der Welt schuldig war. Vielleicht war Ottos Leben das glücklichere, aber über »Glück« dachten wir beide nicht viel nach, jedenfalls war es nicht das Ziel unseres Strebens gewesen.

In einer Hinsicht hatte ich etwas vor ihm voraus. Ich war drei Monate älter als er und hatte das Jubiläum des fünfundsiebzigsten Geburtstags hinter mir, es war bestanden, mein Dank war abgestattet, und vom persönlichen Erscheinen bei den Festlichkeiten war ich von den verständigen Veranstaltern dispensiert geblieben. Er aber, mein wackerer Schwabe, hatte all dies, und ohne solche

Mit Otto Hartmann im September 1952

Dispensation, noch vor sich, in Bälde mußte er sich der festlichen Strapaze stellen, und es würde keine kleine Strapaze sein, es standen ihm mancherlei Ehrungen bevor. Ein Jubiläumsgeschenkchen lag auch von mir für ihn schon in Stuttgarter Freundeshänden bereit, ein kleines Bildermanuskript. Kein Zweifel, er würde mit dem Bevorstehenden besser fertig werden als ich, er würde den Feierlichkeiten, Allokutionen, Auszeichnungen mit Würde und Artigkeit zu begegnen wissen und die hundert Händedrücke und Bücklinge sorgfältig erwidern. War er auch nicht so exponiert im Rampenlicht gestanden wie ich, so war doch auch ihm das weise Wort »Bene vixit qui bene latuit« nicht zum Leitspruch des Lebens geworden, er war ein Mann, den viele kannten, der vermutlich außer den Nazis noch andre Feinde gehabt und manchen Kampf bestanden hatte, und der jetzt am Abend seines treuen und arbeitsamen Lebens für die Wissenden zu den unentbehrlichen Repräsentanten schwäbischen Geistes gehörte. Wir sprachen von seinem nah bevorstehenden Ehrentage nicht, wohl aber von jenen Institutionen des heimischen Kulturlebens, die seine Mitarbeit in schweren Zeiten entscheidend gestützt, ja gerettet hatte. Auch von unsern Frauen sprachen wir ein wenig, gedachten der seinen, die in jüngster Zeit krank gewesen war, und der meinen, die seit ein paar Wochen wohlverdiente Ferien angetreten und, ihrer größten Sehnsucht folgend, Ithaka, Kreta und Samos aufgesucht hatte.

Auch unser zweiter und letzter Abend war vollkommen heiter und harmonisch, brachte eine neue Menge von Funden aus dem Schatz von einst und manchen guten Spruch aus des Freundes Erfahrung. Er war zu gewissenhaft und liebte die Sprache allzusehr, um ein wortgewandter Causeur sein zu können, aber er sprach ohne Anstrengung, nur langsam und mit sorgfältiger Wahl der Worte. Später als beabsichtigt nahmen wir Abschied voneinander, er wollte morgens zu einer Stunde reisen, in der mein Tag noch nicht so recht begonnen hat, und ich wußte ihn von meinem Sohne sorglich begleitet. Beim Abschied lächelten wir einander zu, ohne über das, was wir beide dachten, ein Wort zu sagen: »dieses war nun vielleicht doch das letztemal.«

Die Tage wurden immer herbstlicher, die Regentage immer finsterer, die heiteren immer kälter, auf vielen Gipfeln lag schon Schnee. Der Sonntag nach meines Gastes Abreise war besonders schön, wir fuhren auf eine Höhe, von der die

Walliser Berge zu sehen sind, um die meisten Dörfer her waren die Leute noch mit der Weinlese beschäftigt. Wir freuten uns der farbigen Bilder und wünschten, der Freund möchte diesen Tag noch mit uns erlebt haben, dies Blau, Gold und Weiß der fernen Bergzüge, diese kristallne Heiterkeit der Lüfte, diese bunten Gruppen der Weinleser in den Rebenterrassen.

Und um eben diese Stunde, wo wir unterwegs seiner dachten, ist mein Freund gestorben.

Er war wohlbehalten und fröhlich heimgekehrt, hatte mehreren Freunden auf Postkarten von seinem Besuch in Montagnola erzählt, auch meiner Schwester, hatte mir seine Heimkehr gemeldet, war auch gleich wieder von einem seiner Ämter stark in Anspruch genommen worden. Und an jenem Nachmittag, der uns mit so ungewöhnlich edlem Licht und Farbenschimmer beschenkte, war er gestorben, ohne Sträuben, nach einem ganz kurzen Unwohlsein. Ich erfuhr es schon am nächsten Morgen durch ein Telegramm, das mich um ein paar Worte bat, die man am Grabe sprechen könnte, und bald auch durch ein Briefchen seiner Frau. Es lautete: »Am gestrigen Sonntag um zwei Uhr ist mein Mann unerwartet und kampflos gestorben. Er hat bei Ihnen Freundschaft und

Liebe erfahren dürfen bei seinem Besuch, und dafür möchte ich Ihnen danken. Seien Sie auch jetzt mit guten Gedanken bei ihm.«

Ja, ich war mit meinem ganzen Herzen bei ihm. So sehr der Verlust weh tat, vor allem andern schien mir doch dieser Tod eines Mannes, den schon als Lebenden viele gute und bewährte Menschen oft als Vorbild betrachtet hatten, bewundernswert vorbildlich. Verantwortung und treue Arbeit bis zum letzten Tage, und dann kein Krankenlager, keine Klage, kein Appell an Mitleid und Fürsorge, nur ein schlichter, stiller, sanfter Tod. Ein Tod, mit dem man trotz aller Trauer einverstanden sein mußte, ein Tod, der ein tapferes, dienendes Leben sanft beendete und den Freund, der wohl um seine eigene Müdigkeit nicht gewußt hatte, den Ansprüchen der Welt und den Anstrengungen, die das Jubiläum ihm in wenigen Tagen gebracht hätte, freundlich entzog.

Daß er einen Augenblick, ehe er sich die Ruhe gönnte, noch bei mir vorsprach, an meinem Tische saß, mir Grüße und Gaben der Heimat brachte, daß ich vielleicht der letzte war, mit dem er jenseits von Alltag und Amt eine Aussprache gehabt hat, daß er mich noch einmal mit seiner Freundschaft und Nähe, mit der von ihm ausgehenden Ruhe,

Wärme und Heiterkeit beschenkt hat, war eine Gnade. Ohne dies Erlebnis wäre ich vermutlich auch nicht fähig gewesen, sein Ende zu verstehen oder, weil »Verstehen« ein zu großes Wort ist, es so anzunehmen und einzuordnen, als gut, als richtig, als harmonischen Ausklang. Möge es auch anderen seiner Freunde so gehen, und möge ihnen und mir zu Zeiten, da wir dessen bedürfen, seine Gestalt, sein Wesen, sein Leben und Ende ein Trost und ein stärkendes Beispiel sein.

(1952)

Gang im Spätherbst

Herbstregen hat im grauen Wald gewühlt,
Im Morgenwind aufschauert kalt das Tal,
Hart fallen Früchte vom Kastanienbaum
Und bersten auf und lachen feucht und braun.

In meinem Leben hat der Herbst gewühlt,
Zerfetzte Blätter zerrt der Wind davon
Und rüttelt Ast um Ast – wo ist die Frucht?

Ich blühte Liebe, und die Frucht war Leid.
Ich blühte Glaube, und die Frucht war Haß.
An meinen dürren Ästen reißt der Wind,
Ich lach ihn aus, noch halt ich Stürmen stand.

Was ist mir Frucht? Was ist mir Ziel! – Ich blühte,
Und Blühen war mein Ziel. Nun welk ich,
Und Welken ist mein Ziel, nichts andres,
Kurz sind die Ziele, die das Herz sich steckt.

Gott lebt in mir, Gott stirbt in mir, Gott leidet
In meiner Brust, das ist mir Ziel genug.
Weg oder Irrweg, Blüte oder Frucht,
Ist alles eins, sind alles Namen nur.

Spaziergang im April 1937

Im Morgenwind aufschauert kalt das Tal,
Hart fallen Früchte vom Kastanienbaum
Und lachen hart und hell. Ich lache mit.

*[Die Neigung zu festen Gewohnheiten
und Wiederholungen]*

Etwas andres ... ist es mit der Erlebensweise alter Menschen, und hier darf und mag ich mir keine Fiktion und Illusion erlauben, sondern bleibe bei dem Wissen um die Tatsache, daß ein Mensch jüngeren oder gar jugendlichen Alters überhaupt keine Vorstellung von der Weise hat, in der alte Leute erleben. Denn es gibt für diese im Grunde keine neuen Erlebnisse mehr, sie haben das ihnen Gemäße und Vorbestimmte an primären Erlebnissen längst zugeteilt bekommen, und ihre »neuen« Erfahrungen, immer seltener werdend, sind Wiederholungen des mehrmals oder oft Erfahrenen, sind neue Lasuren auf einem längst scheinbar fertigen Gemälde, sie decken über den Bestand an alten Erlebnissen eine neue, dünne Farb- oder Firnisschicht, eine Schicht über zehn, über hundert frühere. Und sie bedeuten dennoch etwas Neues und sind zwar nicht primäre, aber echte Erlebnisse, denn sie werden, unter andrem, jedesmal auch zu Selbstbegegnungen und Selbstprüfungen. Der Mann, der das Meer zum erstenmal sieht oder den Figaro zum erstenmal hört, erlebt anderes und meist Heftigeres als der, der es zum zehnten oder fünfzigsten Male tut. Dieser nämlich hat für Meer und Musik andre, weniger aktive, aber erfahrenere und geschärftere Augen und Ohren, und er nimmt nicht nur den ihm nicht mehr neuen Eindruck anders und differenzierter auf als der andre, sondern es begegnen ihm beim Wieder-Erleben auch die früheren Male, er erfährt nicht nur Meer und Figaro, die schon bekannten, auf neue Weise wieder, sondern er begegnet auch sich selbst, seinem jüngeren Ich, seinen vielen früheren Lebensstufen im Rahmen des Erlebnisses wieder, einerlei ob mit Lächeln, Spott, Überlegenheit, Rührung, Beschämung, Freude oder Reue. Im allgemeinen ist es dem höheren Alter gemäß, daß der Erlebende seinen früheren Erlebensformen und Erlebnissen gegenüber mehr zur Rührung oder Beschämung als zum Gefühl der Überlegenheit neige, und namentlich dem produktiven Menschen, dem Künstler, wird in den letzten Stadien seines Lebens die Wiederbegegnung mit der Potenz, Intensität und Fülle seiner Lebenshöhe nur selten das Gefühl erwecken »o wie schwach und töricht war ich damals!«, sondern im Gegenteil den Wunsch: »O hätte ich noch etwas von der Kraft von damals!« . . .

Wir Dichter und Intellektuellen halten sehr viel

Hermann Hesse um 1955

vom Gedächtnis, es ist unser Kapital, wir leben von ihm – aber wenn uns solch ein Einbruch aus der Unterwelt des Vergessenen und Weggeworfenen überrascht, dann ist stets der Fund, er sei erfreulich oder nicht, von einer Wucht und Macht, die unsern sorgfältig gepflegten Erinnerungen nicht innewohnt. Mir kam zuweilen der Gedanke oder die Vermutung, es könnte der Trieb zum Wandern und Welterobern, der Hunger nach Neuem, noch nicht Gesehenem, nach Reise und Exotik, der den meisten nicht phantasielosen Menschen zumal in der Jugend bekannt ist, auch ein Hunger nach Vergessen sein, nach Wegdrängen des Gewesenen, soweit es uns bedrückt, nach Überdecken erlebter Bilder durch möglichst viele neue Bilder. Die Neigung des Alters dagegen zu festen Gewohnheiten und Wiederholungen zum immer erneuten Aufsuchen derselben Gegenden, Menschen und Situationen wäre dann ein Streben nach Erinnerungsgut, ein nie ermüdendes Bedürfnis, sich des vom Gedächtnis Bewahrten zu versichern, und vielleicht auch ein Wunsch, eine leise Hoffnung, diesen Schatz an Bewahrtem vielleicht noch vermehrt zu sehen, vielleicht eines Tages dieses und jenes Erlebnis, diese und jene Begegnung, dies oder jenes Bild und Gesicht, das vergessen und verloren war, wiederzufinden und dem Bestand an Erinnertem beizufügen. Alle alten Leute sind, auch wenn sie es nicht ahnen, auf der Suche nach dem Vergangenen, dem scheinbar Unwiederbringlichen, das aber nicht unwiederbringlich und nicht unbedingt vergangen ist, denn es kann unter Umständen, zum Beispiel durch die Dichtung, wiedergebracht und dem Vergangensein für immer entrissen werden.

(Aus »Engadiner Erlebnisse«, 1953)

Die Wahrheit ist ein typisch *jugendliches* Ideal, die Liebe dagegen eins des reifen Menschen und dessen, der wieder zum Abbau und Sterben bereit zu sein sich bemüht. Bei den Denk-Menschen hört das Schwärmen für die Wahrheit erst dann auf, wenn sie gemerkt haben, daß der Mensch für das Erkennen objektiver Wahrheit außerordentlich schlecht begabt ist, so daß also Wahrheitsuchen nicht die eigentlich humane, menschliche Tätigkeit sein kann. Aber auch die, die gar nie zu solchen Einsichten kommen, machen im Lauf der unbewußten Erfahrung die gleiche Wendung durch. Wahrheit haben, Recht haben, Wissen, Gut und Böse genau unterscheiden können, infolgedessen richten, strafen, verurteilen, Krieg führen können und dürfen – das ist jugendlich, und es steht der Jugend auch gut an. Wird man älter und bleibt bei diesen Idealen stehen, so verwelken die ohnehin nicht heftigen Fähigkeiten zum »Erwachen«, zum Ahnen der übermenschlichen Wahrheit, die wir Menschen haben.

*

Alter und Verkalkung machen Fortschritte, manchmal will das Blut nicht mehr so richtig durchs Gehirn laufen. Aber diese Übel haben schließlich auch ihre gute Seite: man nimmt nicht alles mehr so deutlich und heftig auf, man hört an vielem vorbei, man spürt manchen Hieb oder Nadelstich überhaupt nicht mehr, und ein Teil des Wesens, das einst Ich hieß, ist schon dort, wo bald das Ganze sein wird.

*

Wir sind neugierig auf unentdeckte Buchten der Südsee, auf die Pole der Erde, auf das Verstehen der Winde, Ströme, Blitze, Lawinen – aber wir sind noch unendlich viel neugieriger auf den Tod, auf das letzte und kühnste Erlebnis dieses Daseins. Denn wir glauben zu wissen, daß von allen Erkenntnissen und Erlebnissen nur die wohlverdient und befriedigend sein können, um die wir gern das Leben hingeben.

*

Wenn einer alt geworden ist und das Seine getan hat, steht es ihm zu, sich in der Stille mit dem Tode zu befreunden. Nicht bedarf er der Menschen. Er kennt sie, hat ihrer genug gesehen. Wessen er bedarf ist Stille. Nicht schicklich ist es, einen solchen aufzusuchen, ihn anzureden, ihn mit Schwatzen zu quälen. An der Pforte seiner Behausung ziemt es sich vorbeizugehen, als wäre sie Niemandes Wohnung.

Hermann Hesse 1955

*Uralte Buddha-Figur
in einer japanischen Waldschlucht
verwitternd*

Gesänftigt und gemagert, vieler Regen
Und vieler Fröste Opfer, grün von Moosen
Gehen deine milden Wangen, deine großen
Gesenkten Lider still dem Ziel entgegen,
Dem willigen Zerfalle, dem Entwerden
Im All, im ungestaltet Grenzenlosen.
Noch kündet die zerrinnende Gebärde
Vom Adel deiner königlichen Sendung
Und sucht doch schon in Feuchte, Schlamm
                              und Erde,
Der Formen ledig, ihres Sinns Vollendung,
Wird morgen Wurzel sein und Laubes Säuseln,
Wird Wasser sein, zu spiegeln Himmels Reinheit,
Wird sich zu Efeu, Algen, Farnen kräuseln, –
Bild allen Wandels in der ewigen Einheit.

Chinesische Parabel

Ein alter Mann mit Namen Chunglang, das heißt »Meister Felsen«, besaß ein kleines Gut in den Bergen. Eines Tages begab es sich, daß er eins von seinen Pferden verlor. Da kamen die Nachbarn, um ihm zu diesem Unglück ihr Beileid zu bezeigen.

Der Alte aber fragte: »Woher wollt ihr wissen, daß das ein Unglück ist?« Und siehe da: einige Tage darauf kam das Pferd wieder und brachte ein ganzes Rudel Wildpferde mit. Wiederum erschienen die Nachbarn und wollten ihm zu diesem Glücksfall ihre Glückwünsche bringen.

Der Alte vom Berge aber versetzte: »Woher wollt ihr wissen, daß es ein Glücksfall ist?«

Seit nun so viele Pferde zur Verfügung standen, begann der Sohn des Alten eine Neigung zum Reiten zu fassen, und eines Tages brach er das Bein. Da kamen sie wieder, die Nachbarn, um ihr Beileid zum Ausdruck zu bringen. Und abermals sprach der Alte zu ihnen: »Woher wollt ihr wissen, daß dies ein Unglücksfall ist?«

Im Jahr darauf erschien die Kommission der »Langen Latten« in den Bergen, um kräftige Männer für den Stiefeldienst des Kaisers und als

Sänftenträger zu holen. Den Sohn des Alten, der noch immer seinen Beinschaden hatte, nahmen sie nicht.

Chunglang mußte lächeln.

Der erhobene Finger

Meister Djü-dschi war, wie man uns berichtet,
Von stiller, sanfter Art und so bescheiden,
Daß er auf Wort und Lehre ganz verzichtet,
Denn Wort ist Schein, und jeden Schein zu
                            meiden
War er gewissenhaft bedacht.
Wo manche Schüler, Mönche und Novizen
Vom Sinn der Welt, vom höchsten Gut
In edler Rede und in Geistesblitzen
Gern sich ergingen, hielt er schweigend Wacht,
Vor jedem Überschwange auf der Hut.
Und wenn sie ihm mit ihren Fragen kamen,
Den eitlen wie den ernsten, nach dem Sinn
Der alten Schriften, nach den Buddha-Namen,
Nach der Erleuchtung, nach der Welt Beginn
Und Untergang, verblieb er schweigend,
Nur leise mit dem Finger aufwärts zeigend.
Und dieses Fingers stumm-beredtes Zeigen
Ward immer inniger und mahnender: es sprach,
Es lehrte, lobte, strafte, wies so eigen
Ins Herz der Welt und Wahrheit, daß hernach
So mancher Jünger dieses Fingers sachte
Hebung verstand, erbebte und erwachte.

Wir haben Leid und Krankheit erlebt, wir haben Freunde durch den Tod verloren, und der Tod hat bei uns nicht nur von außen ans Fenster geklopft, er hat auch in uns innen Arbeit getan und Fortschritte gemacht. Das Leben, das einst so selbstverständlich war, ist zu einem kostbaren, immer bedrohten Gut geworden, der selbstverständliche Besitz hat sich in eine Leihgabe von ungewisser Beständigkeit verwandelt.

Aber die Leihgabe mit unbestimmter Kündigungsfrist hat ihren Wert keineswegs verloren, die Gefährdung hat ihn eher noch erhöht. Wir lieben das Leben nach wie vor und wollen ihm treu bleiben, unter andrem um der Liebe und Freundschaft willen, die wie ein Wein von guter Herkunft mit den Jahren an Gehalt und Wert nicht abnimmt sondern wächst.

*

Zum Tod habe ich das gleiche Verhältnis wie früher, ich hasse ihn nicht und fürchte ihn nicht. Wenn ich einmal untersuchen wollte, mit wem und mit was ich nächst meiner Frau und meinen Söhnen am meisten und am liebsten Umgang habe, so würde sich zeigen, daß es lauter Tote sind, Tote aller

Jahrhunderte, Musiker, Dichter, Maler. Ihr Wesen, verdichtet in ihren Werken, lebt fort und ist mir viel gegenwärtiger und realer als die meisten Zeitgenossen. Und ebenso ist es mit den Toten, die ich im Leben gekannt, geliebt und ›verloren‹ habe, meinen Eltern und Geschwistern, meinen Jugendfreunden – sie gehören zu mir und meinem Leben, heute ebenso wie einst, als sie noch lebten, ich denke an sie, träume von ihnen und rechne sie mit zu meinem täglichen Leben. Dies Verhältnis zum Tod ist also kein Wahn und keine hübsche Phantasie, sondern ist real und gehört zu meinem Leben. Ich kenne wohl die Trauer über die Vergänglichkeit, die kann ich mit jeder welkenden Blume empfinden. Aber es ist eine Trauer ohne Verzweiflung.

*

Wie da so allmählich alle hinwegschwinden und man am Ende weit mehr Nahe und Nächste ›drüben‹ hat als hier, wird man unversehens selber auf dies Drüben neugierig und verlernt die Scheu, die der noch fester Umbaute davor hat.

*

Die Dahingegangenen bleiben mit dem Wesentlichen, womit sie auf uns gewirkt haben, mit uns lebendig, solange wir selber leben. Manchmal können wir sogar besser mit ihnen sprechen, uns besser mit ihnen beraten und uns Rat von ihnen holen als von Lebenden.

*

Jeder Lauf, ob zur Sonne oder zur Nacht, führt zum Tode, führt zu neuer Geburt, deren Schmerzen die Seele scheut. Aber alle gehen den Weg, alle sterben, alle werden geboren, denn die ewige Mutter gibt sie ewig dem Tag zurück.

Alle Tode

Alle Tode bin ich schon gestorben,
Alle Tode will ich wieder sterben,
Sterben den hölzernen Tod im Baum,
Sterben den steinernen Tod im Berg,
Irdenen Tod im Sand,
Blätternen Tod im knisternden Sommergras
Und den armen, blutigen Menschentod.

Blume will ich wieder geboren werden,
Baum und Gras will ich wieder geboren werden,
Fisch und Hirsch, Vogel und Schmetterling.
Und aus jeder Gestalt
Wird mich Sehnsucht reißen die Stufen
Zu den letzten Leiden,
Zu den Leiden des Menschen hinan.

O zitternd gespannter Bogen,
Wenn der Sehnsucht rasende Faust
Beide Pole des Lebens
Zueinander zu biegen verlangt!
Oft noch und oftmals wieder
Wirst du mich jagen von Tod zu Geburt
Der Gestaltungen schmerzvolle Bahn,
Der Gestaltungen herrliche Bahn.

Eine Agonie ist auch ein Lebensvorgang, nicht weniger als eine Geburt, und oft kann man beides verwechseln.

*

Schmerz und Klage sind unsre erste, natürliche Antwort auf den Verlust eines geliebten Menschen. Sie helfen uns durch die erste Trauer und Not, sie genügen aber nicht, um uns mit dem Toten zu verbinden.

Das tut auf primitiver Stufe der Totenkult: Opfer, Grabschmuck, Denkmäler, Blumen. Auf unsrer Stufe aber muß das Totenopfer in unsrer eigenen Seele vollzogen werden, durch Gedenken, durch genaueste Erinnerung, durch Wiederaufbau des geliebten Wesens in unsrem Innern. Vermögen wir dies, dann geht der Tote weiter neben uns, sein Bild ist gerettet und hilft uns den Schmerz fruchtbar zu machen.

Bruder Tod

Auch zu mir kommst du einmal,
Du vergißt mich nicht,
Und zu Ende ist die Qual,
Und die Kette bricht.

Noch erscheinst du fremd und fern,
Lieber Bruder Tod,
Stehest als ein kühler Stern
Über meiner Not.

Aber einmal wirst du nah
Und voll Flammen sein –
Komm, Geliebter, ich bin da,
Nimm mich, ich bin dein.

Einst vor tausend Jahren

Unruhvoll und reiselüstern
Aus zerstücktem Traum erwacht
Hör ich seine Weise flüstern
Meinen Bambus in der Nacht.

Statt zu ruhen, statt zu liegen
Reißt michs aus den alten Gleisen,
Weg zu stürzen, weg zu fliegen,
Ins Unendliche zu reisen.

Einst vor tausend Jahren gab es
Eine Heimat, einen Garten,
Wo im Beet des Vogelgrabes
Aus dem Schnee die Krokus starrten.

Vogelschwingen möcht ich breiten,
Aus dem Bann, der mich umgrenzt,
Dort hinüber, zu den Zeiten,
Deren Gold mir heut noch glänzt.

Kleiner Gesang

Regenbogengedicht,
Zauber aus sterbendem Licht,
Glück wie Musik zerronnen,
Schmerz im Madonnengesicht,
Daseins bittere Wonnen...

Blüten vom Sturm gefegt,
Kränze auf Gräber gelegt,
Heiterkeit ohne Dauer,
Stern, der ins Dunkel fällt:
Schleier von Schönheit und Trauer
Über dem Abgrund der Welt.

Nachwort

Hermann Hesse gehört zu den Künstlern, die das Glück hatten, alt zu werden und somit alle Lebensstufen erfahren und auf charakteristische Weise darstellen zu können. Daß ein so kompliziertes und verletzbares Naturell, wie er es war, bei einem Leben von solcher Intensität und Produktivität das Alter von 85 Jahren erreichen würde, war keine Selbstverständlichkeit. Nimmt doch in der Regel mit der Begabung auch die Gefährdung zu und mit der Intensität die Kürze der Lebensdauer, und bleiben doch meist diejenigen, die von der Norm abweichen und eigene, unabhängigere Wege einschlagen, angesichts der Hindernisse und Widerstände, welche die Mitmenschen ihnen entgegensetzen, weit früher auf der Strecke als andere, die sich mit »der Welt, wie sie nun einmal ist«, abzufinden, sich ihr anzupassen und zu unterwerfen vermögen. Mindestens zweimal, bei seinem Selbstmordversuch im Alter von 14 Jahren und später als 46jähriger in der Krise vor der Niederschrift des »Steppenwolf«, war es keineswegs sicher, ob er jene Depressionen überlebt haben würde, hätten sich nicht Zufall und Mitmenschen gerade noch rechtzeitig seiner angenommen.

Daß Hermann Hesse neben all seinen inneren Konflikten auch die Gefährdungen von außen, die zeitgeschichtlichen Anfeindungen und insbesondere die Bedrohung durch den Nationalsozialismus, überlebt hat, verdankt er einzig dem politischen Weitblick, der ihn bereits 1912 zum »ersten freiwilligen Emigranten« (Joachim Maass) und ab 1924 zum Schweizer Staatsbürger gemacht hat. Wer in den tagebuchähnlichen Selbstzeugnissen von Hesses unzähligen Briefen den oft erbitterten Gegensatz zu den Tendenzen seiner Zeit kennenlernt, der ist immer wieder erstaunt, wie lange er diese konfliktgeladene Existenz durchzuhalten vermochte und wie wenig von dieser Verbitterung auf seine Werke abgefärbt hat, die nicht mehr den Tumult der Gärung, sondern die oft verblüffende Simplizität der Klärung vor Augen führen.

Unser Band über das Alter setzt ein mit Beobachtungen, die Hesse als 43jähriger festgehalten hat. Es sind Impressionen über den Frühling, die Wiedergeburt und Erneuerung der Natur, dargestellt von einem Mann in der Mitte des Lebens, im Bewußtsein der Vergänglichkeit und Flüchtigkeit der Erscheinungswelt, in die er sich einbezogen weiß, ohne sich zu widersetzen. Die alljährlich sich wiederholende Regeneration des Lebens ist für ihn kein Anlaß zur Klage darüber, daß er sich selbst nicht mehr in dem gleichen Stadium befindet, welches die umgebende Natur so strahlend und hoffnungsfroh macht, sondern sie wird ihm zum Ansporn für eigene Wandlung und Regeneration. Längst kennt er die Relativität von Alter und Jugend, sind doch »alle begabten und differenzierten Menschen bald alt, bald jung, so wie sie bald froh und bald traurig sind« . . . »Aber man ist eben mit seinem Alter nicht immer auf einer Stufe, man eilt innerlich oft voraus und noch öfter bleibt man hinter ihm zurück – das Bewußtsein und Lebensgefühl ist dann weniger reif als der Körper, und man wehrt sich gegen dessen natürliche Erscheinungen und verlangt etwas von sich selber, was man nicht leisten kann.«

Die vergeblichen Gefechte des sich von Krise zu Krise verjüngenden Bewußtseins gegen das Nachlassen des Körpers finden auch bei Hesse statt. Als »Mann von fünfzig Jahren« ist er einerseits kurbedürftig, andererseits von solch einem Lebenshunger getrieben, daß er erstmals im Leben Tanzstunden nimmt, die Nächte auf Maskenbällen verbringt, sich zugleich aber selber mit dem Galgenhumor dessen zusieht, der längst die Vergeblichkeit dieser Flucht nach vorn durchschaut hat. Doch erst als auch diese Revolte gegen das allmähliche Schwinden der körperlichen Freuden und Genüsse ausgelebt und bis zur Neige erprobt ist, gelingt es ihm, vergleichbare Vorgänge auch in der Umgebung wahrzunehmen. Wenn zum Beispiel nach einem Gewitter die Schatten der Dinge ein wenig schärfer und schwärzer als zuvor in der Sonne hervortreten, die Gegenstände an Farbe verloren und an Umriß gewonnen haben, so wird ihm dies zum Gleichnis für den Vorgang des Alterns. Statt der Klage über den Verlust an Farbe und Sinnlichkeit nun die Freude über den Gewinn an Kontur und Profil. Und von dort ist es nicht mehr weit bis zu der Erkenntnis, daß »Alter nicht schlechter als Jugend sei, Lao Tse nicht schlechter als Buddha, Blau nicht schlechter als Rot«, daß Alter nur dann lächerlich und unwürdig werde, »wenn es Jugend spielen und nachahmen will«.

Immer mehr von den erfreulichen Aspekten des Alterns werden ihm bewußt, seit er es aufgegeben hat, dagegen anzukämpfen: der Zuwachs an Gelassenheit, die uns unempfindlicher macht gegen Nadelstiche und Hiebe, das Reservoir an Erfahrungen, Bildern und Erinnerungen aus der Vergangenheit, die uns – dank der wohltätigen Selektion des Gedächtnisses – oft erfreulicher und lebenswerter vorkommt als die Gegenwart, die Aussicht auf baldige Befreiung von den Gebrechen des Körpers und Gemeinschaft mit all den Freunden, geliebten und verehrten Menschen, die uns im Tod vorausgegangen sind, und schließlich die bange oder zuversichtliche Neugier auf das, was uns dann erwartet. Wird doch »vielleicht auch noch die Todesstunde / Uns neuen Räumen jung entgegensenden / Des Lebens Ruf an uns wird niemals enden. / Wohlan denn Herz, nimm Abschied und gesunde!«

Wer neben den Texten aus vier Jahrzehnten auch die meisterhaften Fotografien seines Sohnes Martin Hesse zu lesen versteht, der wird die Bemerkung seines Dichterkollegen Ernst Penzoldt nachvollziehen können, der glaubte, »das Ziel aller dichterischen Bemühungen sei, am Abend des Lebens so auszusehen wie Hermann Hesse, man brauchte ihn dann eigentlich nicht mehr zu lesen, sondern nur noch anzuschauen, um seines Lebens und Wirkens innezuwerden, denn die Identität seiner geschriebenen Person und seines Antlitzes ist vollkommen. Aber wir würden ihn ja nicht wirklich sehen, ohne ihn gelesen zu haben!«

Frankfurt am Main, im April 1990

Volker Michels